斯坦福的创新力
来自世界一流大学的启示

石毓智/著

科学出版社

北京

图书在版编目(CIP)数据

斯坦福的创新力：来自世界一流大学的启示 / 石毓智著. —北京：科学出版社，2018.3

ISBN 978-7-03-053729-4

Ⅰ.①斯⋯　Ⅱ.①石⋯　Ⅲ.①斯坦福大学–学校教育–研究　Ⅳ.①G649.712.8

中国版本图书馆 CIP 数据核字（2017）第138701号

责任编辑：石 卉　程 凤 / 责任校对：张小霞
责任印制：赵 博 / 封面设计：有道文化

科学出版社 出版
北京东黄城根北街16号
邮政编码：100717
http://www.sciencep.com

天津市新科印刷有限公司印刷
科学出版社发行　各地新华书店经销

*

2018年 3 月第 一 版　开本：720×1000　1/16
2025年 6 月第四次印刷　印张：17
字数：342 000
定价：58.00元
（如有印装质量问题，我社负责调换）

前言 Preface

斯坦福大学（简称斯坦福）改变了世界，影响着人们工作和思维的方式。2000年以来，该校有13人获得诺贝尔奖，在世界大学中名列第一。该校在计算机科学的各个领域都取得了开创性的成就，如鼠标就是该校科学家发明的。斯坦福的心理学系一直雄冠美国，如"智商"概念就是该系教授于20世纪初提出的。

20世纪90年代后期，我在斯坦福大学攻读博士学位，但是那时因为学习压力大，除了专业学习无暇顾及其他，所以对这个学校并不是很了解。幸运的是，2010年，我有学术休假的机会可以重返斯坦福。借这次机会，我给自己布置了一个任务，尝试寻找"钱学森之问"①的答案。为了回答这个问题，我想先探讨"为什么斯坦福出了那么多大师"。为此我系统地听了数学、物理、计算机、心理学、统计学、语言

---

① 关于"钱学森之问"，具体可参见《人民日报》2013年12月13日05版文章《重温"钱学森之问"的喜与忧》。

学等多个系科的课程，聆听了上百场学术讲座，特别是，学校邀请来的著名学者的讲座，我基本上是一场不落，从中获益匪浅。访学期间，我还走遍了校园的各个角落，观察师生活动的各个环节，搜集捕捉各个方面的信息，尝试发现人才培养的真谛。那一年，就在斯坦福标志性建筑的一间办公室里，我完成了《为什么中国出不了大师：探讨钱学森之问》一书，已由科学出版社于2012年出版。

探讨如此复杂的教育问题，难度自然很大。然而，思考这样的问题还必须站在世界顶级学府的高度，在特定的场所进行。此外，这样的问题也不是随便走一遭就能得出答案的，需要探讨者具有由表及里的洞察力，能透过各种表象看到事情的本质，好在我受到的学术训练给予了我这种能力。

我于2011年8月访学回国，仅2011~2014年4年时间斯坦福就接连有7人获得诺贝尔奖，1人获得菲尔兹奖[②]（被称为数学界的诺贝尔奖）。这骄人的成就进一步激发了我探讨斯坦福成功秘诀的兴趣，于是又写了系列文章。这些文章大都先是在《羊城晚报》刊出，然后很快又被《读者》《意林》《青年文摘》等转载，一些报纸，如《广州日报》《南京日报》《扬子晚报》等也频频转发，引起了国内读者的广泛关注。

在过去这十几年里，为了探讨欧美教育的成功之道，我利用参加学术会议的机会，走访了世界各地的一流大学。按照上海交通大学发布的"2016年世界大学学术排名"，位于前30名的大学，我到过17所，其中前10名的大学，我考察过9所。对这些大学的考察虽然很仓促，但也能从中总结出不少经验，因此，本书常常通过与欧美其他大学的对比来探讨斯坦福的成功之道。

我的求学经历也给予我思考这一问题的优势。我先后在美国就读过三所大学，它们都是世界顶级学府。20世纪90年代初，我先到加利福尼亚大学圣迭戈分校读书，这个建校不到60年的大学就有16人获得诺贝尔奖。在这个学校取得硕士学位以后，我又到加利福尼亚大学圣塔芭芭拉分校参加了一

---

② 本书菲尔兹奖获奖数据（采用"获奖人获奖时在该机构工作"的标准）源自维基百科（英文版）（世界大学菲尔兹奖排名，https://en.wikipedia.org/wiki/List_of_Fields_Medal_winners_by_university_affiliation，数据截至2016年）。

年的美国国家科学基金项目。那时这个学校还没有人获得过诺贝尔奖，可是进入 21 世纪以来，这所学校高歌猛进，在短短的十几年里，就有 8 人获得诺贝尔奖，在新世纪世界大学获得诺贝尔奖的人数中位列第七。斯坦福先后有 45 人获得诺贝尔奖，在世界大学中名列前茅。如果从 21 世纪开始算起，斯坦福有 13 位诺贝尔奖获得者，位列世界第一。这些求学经历都是我今日思考大学教育问题的宝贵财富。

我还有两个特别的"老板"，从他们身上也可以学习不少教育理念。1996 年，我来到加利福尼亚大学圣塔芭芭拉分校参加李讷教授主持的美国国家科学基金项目。李教授时任该校的研究生院院长，同时也是该校"杰出人才选拔小组"的核心成员之一。我们吃饭聊天时，李教授经常跟我谈起他们是如何从全世界选拔人才的。其中一次他谈到一位日本科学家发明了一种"蓝光"技术，具有获得诺贝尔奖的水准，大学决定把他聘过来，当时我半信半疑。到了 2014 年，这位日本科学家终于获得了诺贝尔奖，他就是中村修二。这让我很钦佩斯坦福识英才的慧眼。后来我到斯坦福读书，我的博士生导师是伊丽莎白·特劳戈特教授，她曾经担任过斯坦福大学 6 年的副教务长，也是美国人文与科学院（American Academy of Arts and Sciences，又译为美国艺术与科学院）的双院士。此外，还有几位老师也是国际一流学者，其中几位还是具有国际影响力的语言学理论的创始人。这些老师不仅专业知识丰富，而且教育理念先进。所有这一切都对我写本书有很大的帮助。

本书的写作方式与枯燥而抽象的学术论著不同，因为它是面向广大关心教育的读者的。本书的很多视角非常新颖，如田园诗般的校园对人才培养的作用，因为在宁静的校园，人们才能静下心来思考科学问题；又如美轮美奂的建筑对审美意识的培养，因为审美的背后就是规律，科学的首要任务就是探讨各种现象背后的规律……

关于诺贝尔奖获得者的人数统计，也有各种各样的算法。同一个获奖者，各学校重复计算，都想往自己家里拉。有些大学甚至把在本校读大学或研究生、曾经访学工作一段的获奖者都算作自己的人数。本书中，我采用"该获奖者长期在哪所大学工作，就算哪所大学的人"的标准。本书诺贝尔奖获奖数据主要根据英国《泰晤士报》（新世纪世界获得诺贝尔奖最多的前10名大学，https://www.timeshighereducation.com/features/top-10-universities-producing-nobel-prizewinners-2016）、维基百科（英文版）（世界大学诺贝尔奖排名，https://en.wikipedia.org/wiki/List_of_Nobel_laureates_by_university_affiliation），以及斯坦福大学官方网站（斯坦福诺贝尔奖获得者，https://news.stanford.edu/nobel/）数据整理而成，如无特别说明数据截至2016年。

冰冷的教育机器培养不出人才，优秀人才的成长远不限于书本、教室和实验室。想象力和创造力来自多种因素的综合作用，如宁静的环境、人性的关怀、温暖的气氛、自由的体制等都对一个人的成长至关重要。所以，本书打破僵化的思想，摒弃枯燥的数据，把鲜活的人放在现实环境中来考察。本书内容丰富多彩，语言生动活泼，文笔轻松优美，可以给读者以智慧、以启迪、以美感，既可以作为学术小品文来看，也可以作为散文随笔来读。

本书得以完成，我要特别感谢两位朋友。一位是《羊城晚报》的梁力先生，书中的很多章节都是首先在他的栏目中以单篇文章发表的，饱含他的劳动和智慧；另一位是科学出版社编辑石卉女士，正是她的热情与辛勤，才使本书能在这么好的一个平台上与大家见面。另外，由于各种因素，书中难免存在着不足之处，这些都是我个人的责任，欢迎广大读者批评指正。

石毓智

2017年10月15日

目录 Contents

前言 / i

绪 论

利兰·斯坦福的认真与电影的发明 / 002

大学校长都忙些什么 / 006

为何能四年七获诺贝尔奖 / 013

如何打造世界一流师资 / 022

教育理念

从校训看教育目标 / 034

自由和真理之间的逻辑 / 040

坚守板书的教学方式 / 043

诚信造就优秀 / 046

一句话说清楚博士论文 / 051

文理不分家 / 054

从抽象中发现美 / 062

丰富多彩的考试方式 / 068

教学用具中的创意 / 074

放眼世界，胸怀人类 / 080

保护自由，尊重个性 / 085

"种豆得瓜"的教育观 / 090

"对牛弹琴"的教学法 / 094

校 园 文 化

为何校园里摆放抽象雕塑 / 102

美轮美奂的建筑是无言的教材 / 106

石凳所扮演的教育角色 / 113

出没于校园的野生动物们 / 115

田园诗般的校园 / 120

校园不是风花雪月之地 / 126

生活空间影响创造力 / 129

让师生拥有一种优雅的生活 / 133

出大师的校园环境 / 137

大学就是温暖的家 / 144

大学的关爱换来校友的慷慨 / 149

师 生 追 求

毕业典礼上的"父母潮" / 156

得天下英才而用之 / 162

大学里的老人们 / 167

在轻松愉快中探讨科学 / 170

好之者不如乐之者 / 173

东西方培养博士的差距 / 179

学习是一个探险的旅程 / 184

教师的敬业精神 / 189

学生的好学精神 / 194

师生之交淡若水 / 199

放眼欧美

小班教育 / 206

精雕细刻出大师 / 209

校园里的残疾人 / 212

加州理工学院的电梯和厕所 / 217

美国大学是这样进行节水教育的 / 219

加利福尼亚大学的校园文化 / 221

欧美名校之间是如何竞争的 / 227

这所年轻大学为何能接连获诺贝尔奖 / 233

鼓励年轻人创业冒险 / 238

多元文化撞击出创造力 / 245

怎样才算世界一流大学 / 250

附 录

长期在斯坦福工作者获得诺贝尔奖一栏表 / 258

绪 论

利兰·斯坦福的认真与电影的发明

做什么事情都怕"认真"二字，连打赌认真都可能造福人类。

电影被列为影响人类最伟大的 100 项发明[①]之一，与电视、冰箱、空调、微波炉等都成为现代人生活的不可或缺的部分，是现代科技的重大进步之一。要知道，能进入这个榜单可不是件容易的事，在中华上下 5000 多年的文明史中，我们祖先的"四大发明"只有指南针和造纸术这两项入选。科学技术的理论研究一般不会直接导致某种产品的发明。即使光学科学再发达，研究人员也不大可能在实验室里突然研究出电影来。通常基础科学研究只能给某种产品的发明提供技术上的可能性，像电影、冰箱这类发明则需要某个人首先提出有关概念，而提出这些概念的人很可能就是一个科学技术的业余爱好者甚至是个外行。"电影"这个概念首先是被一个赛马爱好者打赌打出来的。

利兰·斯坦福是 19 世纪美国的一位超级富豪，他不仅创办了一所世界知名大学——斯坦福大学，还因打赌激发了发明电影的灵感。利兰·斯坦福出生于纽约州，随着 19 世纪中叶的"淘金潮"来到加利福尼亚州（简称加

---

① 根据美国人肯德尔·亥文著的《历史上100个最伟大的发明》（青岛出版社，2018年）一书。

州），通过买卖黄金和经营铁路而积累起巨额财富。利兰·斯坦福先是竞选加州州长，担任两年州长后，又当上了美国国会议员，一干就是八年。

利兰·斯坦福的最大业余爱好就是赛马，他不只是观赏，还自己养马跟别人比赛。为了纪念这位学校创始人的这个爱好，斯坦福大学校园的后山坡上还开辟了一个几十公顷的养马场，养着各色的马。现在，斯坦福大学每年都要在利兰·斯坦福冥诞这一天，找一个打扮得像利兰·斯坦福的人，坐着一辆四轮马车，在校园里走一圈。这一天来观赏的师生和碰巧来斯坦福大学参观的游览者都可以吃上一顿免费的午餐。

1877 年的一天，利兰·斯坦福在观赏赛马时突然闪现出一个念头，觉得马在奔跑跳跃的过程中，一定有一瞬间是四蹄同时离地腾空的。他把自己的猜想跟坐在周边的其他人讲了，没想到遭到其他人的嘲讽讥笑，都说利兰·斯坦福的想法太荒唐、太离谱。这下可惹恼了利兰·斯坦福，他提出赌 2.5 万美元，要来证明自己的观点，这个赌金在当时可是个巨额数字。

什么事就怕"认真"二字。如果利兰·斯坦福把这个赌约只当作一次玩笑，就是说说算了，那就是一件淹没在历史长河中的琐事罢了。然而，利兰·斯坦福和他的那帮朋友们都很认真、很任性，尔后他们都把眼睛盯住飞奔的赛马，可是双方还是各执一词：利兰·斯坦福说他看到马四蹄腾空的瞬间，而其他人都说没有。因为没有证据，双方争执不下，谁也说服不了谁。如果遇到这种情况，很多打赌者可能就不了了之了，可是利兰·斯坦福却想花大价钱利用科技手段来证明自己是对的。因为利兰·斯坦福的认真，这个赌越玩越大。他请英国摄影师麦布里奇来帮忙。可是那时还没有今天高速连续拍照的运动摄像机，只有一次照一张照片的老式胶卷相机。优厚的报酬也激发了麦布里奇的灵感，他到赛马场观察了好几天，终于想出一个解决问题的窍门来。当时的相机不是一次只能照一张嘛，麦布里奇就拿 16 部相机来拍照。他在骏马跃起的地点，把这些相机并排安装在跑道一边的栏杆上，再用长线的一端拴住相机快门，另一端绑在跑道另一边的木棍上，线的高度约在骏马的肚子处。当骏马疾驰而过时，会依次撞断这些长线而拉动相机快门，如此就会获得完整记录骏马腾空跃起这一动作不同时间点的不同姿势的16张胶片。

利兰·斯坦福把他那帮朋友请来，让他们坐在一个房间里，让麦布里奇把这些胶片安装在一个转盘上，用灯一张一张地投射在一面白墙上。其中两张照片是骏马四蹄腾空的，那些人无话可说，只得认输。

一不小心，麦布里奇制作出了世界上首部电影。麦布里奇帮助利兰·斯坦福赢了以后，却没舍得把胶片丢弃，因为他有一个意外的发现——当摇动嵌有这16张胶片的转盘时，可以看到一匹活灵活现的马在白墙上飞奔。这是人类第一次在赛马场之外的"荧幕"上看到一匹正在奔跑的马，观者惊讶万分，兴高采烈，奔走相告，这件事很快成了大新闻。

1885年，爱迪生听说了这件事情，马上嗅出其中的商机，立刻叫自己的助手专门设计一款可以连续拍照的相机，再弄一个方便播放多张照片的设备，准备开个门面做生意。爱迪生不愧是个天才的发明家，半年多的时间就有了重大突破，设计出一种一秒拍40张照片的相机，而且也鼓捣出专门播放照片的放映机。

不久，爱迪生就在纽约开办了一家袖珍电影院，一次只能一个人观看，片长也只有20秒。人们争先恐后来看这个新鲜事物，生意十分火爆。在最初的这批幸运观众中，有个来自法国的照相器材制造商，他的名字叫卢米埃。因为职业习惯，他马上发现爱迪生的设计有重大缺陷。卢米埃回到法国后，很快设计出技术更加完善的相机和放映机，电影从此真正成了大众的娱乐品。

电影的发明来自四个人物的非常品格：利兰·斯坦福的任性和认真、麦布里奇的创意、爱迪生的商业头脑、卢米埃的精工精神。利兰·斯坦福的认真是这个发明的"灵感火花"，点燃了其他人的创意。

利兰·斯坦福的任性还表现在投资创办大学这件事上。他唯一的儿子15岁那年到欧洲旅行，不幸染病去世。他为了纪念自己的孩子，也为了给其他孩子提供良好的教育环境，就想用自己的财富建造一所大学，让年轻学子受教育，毕业后奉献社会。

利兰·斯坦福的任性与认真，不仅激发了发明电影的灵感，而且创办了一所世界名校。当今世界最有创意的地方非斯坦福大学莫属，进入21世纪以来，这所大学已经有13人获得诺贝尔奖，1人获得菲尔兹奖，斯坦福大学今日的卓越就是因为秉承着其创始人的那种求真精神。

斯坦福大学工程学院大厅墙壁的牌匾

这块金属牌匾镶嵌在斯坦福大学工程学院大厅的墙壁上，上面镌刻着他们对未来师生的期许："所开设的课程必须能够让学生获得个人成功，并具有直接的现实用途。这里的老师和学生应该更好地为社会大众服务。"利兰·斯坦福夫妇把全部财富捐出建立这所大学，目的是通过培养人才来奉献社会，今日的大学仍然秉承着这种慷慨无私的精神

大学校长都忙些什么

斯坦福的第十任校长约翰·亨尼斯于 2016 年 8 月卸任,他在任 16 年的业绩很多,突出表现在以下三个方面。①11 人获得诺贝尔奖[①],1 人获得菲尔兹奖。从 21 世纪算起,斯坦福获诺贝尔奖人数位居世界大学榜首。②130 亿美元的筹款。最后 10 年,斯坦福的筹款有 9 年超越哈佛大学,位列美国第一。③大学生申请人数增加了 2 倍多,录取率不到 5%,使斯坦福比哈佛大学还要难进。

亨尼斯是世界高等教育史上卓越的管理者,他让斯坦福更加辉煌。那么,就让我们看看这位校长是怎样当的。当然,我们也不能简单地认为,这些成就都是亨尼斯校长一人的功劳,因为科学研究需要长期的积累,获奖的研究成果大都是科学家们很多年之前做出来的。但是,我们起码可以这样说,亨尼斯的卓越管理延续了这所世界名校的优秀传统,既能留住已有的优秀人才,又能吸引杰出的学者来加盟,故而才有今日的辉煌。

中学时代的亨尼斯就对斯坦福情有独钟。亨尼斯于 1952 年出生在纽约州。我听过他的一次讲话,他说自己高中毕业时第一选择就是斯坦福,可是没能如愿以偿,就在纽约州立大学读完了本科和博士。他于 1977 年加盟斯

[①] 指获奖人获奖时在该校工作人数。

坦福，成为计算机科学系的教授。亨尼斯是计算机结构设计领域的开创者，他编写的教材被世界很多大学采用，还在硅谷创办了一家企业。亨尼斯先后任计算机系主任、工程学院院长。斯坦福教务长赖斯被小布什请去做国务卿后，亨尼斯于1999年又担任了一年斯坦福的教务长。2000年，亨尼斯被选为斯坦福的校长。

亨尼斯校长的前任是格哈德·卡斯珀（Gerhard Casper）。我在斯坦福求学期间，曾多次听过这两位校长的讲话，长期感受和观察他们的管理方式，而且还有机会作为学生代表被卡斯珀校长召见谈过心。他们的具体业绩和教育理念，人们都可以通过其他各种渠道获得，本文主要谈的是我个人的一些观感。

像个隐居的修道士

大隐隐于市。在我的印象里，斯坦福校长似乎是隐居在校园里的一个修道士，这从他的办公地点就可以看出来。

斯坦福的行政办公楼在什么地方？不要说一般的游客或者短期访问的学者不知道，就是在那里读书多年的学生绝大多数也不清楚。我是因为一次偶然的机会才发现学校领导是在哪里办公的。赖斯在任国务卿之前，是该校政治系的教授，兼任大学的教务长，那时我多次见她进出教堂后面的一个偏室，心里好奇，一问学校的老教授才知道那里就是学校领导办公的地方。门口也没有挂任何类似"校长办公室"的牌子，也不见人群熙攘，没有迎来送往的，一天到晚只见里边的灯亮着。

斯坦福校长办公之处因为属于教堂的附属建筑，所以每个礼拜都会举办宗教活动，整个气氛庄严肃穆，所以显得有几分神秘。教堂恢宏华丽，建筑美轮美奂，每天都有大批的游客来参观，可是教堂后边则人迹罕至，加上树木葱郁，所以显得十分静谧。与紧连的高大教堂相比，校长办公的地方只是一间低矮的平房，显得十分朴素低调。不明就里的人很可能认为，在这间房子里工作的人是神职人员。

我到过世界各地的很多大学，几乎每所大学都有自己独立的行政大楼，它们大都是大学精心打造的建筑，一般都是坐落在学校最引人注目的地方。大楼里边装饰考究，门牌精致。而且这里往往也是学校最热闹的地方，熙熙攘攘，迎来送往。斯坦福校长所在地全然不见这样的情景，十分清静，这也从一个侧面折射出大学管理的特点。

不做面子上的应酬

之所以说斯坦福校长像校园里的"大隐"，不仅是因为他的办公地方像，而且他的行为更像。除了毕业典礼和开学迎新，一年到头几乎都见不到校长的身影。

我在大学读书和访学期间，几乎每天都浏览学校的网页。在我的印象里，从没见关于校长活动的报道，既没有迎来送往的新闻，也没有参加各种会议的报道，更没有校长在各种场合的剪彩、讲话。让人觉得这个大学在自行运作，校长是无为而治。

与大学校长个人学术兴趣无关的学术活动，不管演讲者有多牛，校长从来不单纯为了"给面子"而捧场。我在2010～2011年访学期间，参加了该校当年几乎所有的重要讲座，虽然很多演讲者都是诺贝尔奖、菲尔兹奖获得者，但校级领导从不到场介绍嘉宾，都是由有关系科的专业人士来介绍。亨尼斯是计算机专家，我也参加了很多计算机系的讲座，其中有"杰出计算机科学家"讲座系列，受邀者中有谷歌公司的总工程师，也从未见过亨尼斯的身影。大学校长不用考虑要给谁面子，演讲者也不会觉得来介绍他的领导地位越高就越有面子，因为他们压根儿都没有这种面子观，双方都省了大量的时间和心思。

我在那里多年，每年唯一能见到校长的机会就是毕业典礼，而且即使在这种场合校长也不是主角，主角是请来的嘉宾。校长只是做简短的发言，介绍演讲嘉宾而已。2005年请来的嘉宾是乔布斯，那场演讲的视频后来广受欢迎，单在YouTube上就有2400万人次观看（截至2016年7月）。这一点还被列为亨尼斯担任校长期间的10余项主要政绩之一。毕业典礼是大学每年最风光的场合，也是规模最大的聚会，会有成千上万的毕业生和家长参加这一年一度的盛典。可是校长并不把毕业典礼看作自己出风头作秀的机会，自己不高谈阔论，而是物色最合适的人选，让嘉宾来启发、激励毕业生，以使他们的人生更加出彩。

不配合国际上的各种排名评比

很多大学校长将各种排行榜上的名次看得很重，因为大学排名的升降往往被看作一个校长管理效绩的指标。有些大学校长甚至组织专门团队，搜集整理数据，配合各种评比机构，以期得到一个好名次。20世纪90年代初期，斯坦福就有一年两获、一年三获诺贝尔奖的成就，也曾连续三年被评为全美大学第一名[①]。可是到了20世纪90年代后期，斯坦福一度滑到了五六名。这时舆论压力就来了，一些师生、家长和校友怀疑斯坦福的教学质量是不是下降了，学校的管理是不是出了什么问题。当时我正在那里读书，时任校长卡斯珀专门为此对全校师生做了回应。

卡斯珀校长讲，大学的教育质量和科研水平不是商品的物价，不应该今天涨明天降，而应该在一个相当长的时期内相当稳定。大学排名的变化不是大学自身质量波动了，而是有关机构的排名标准在不断变化。斯坦福不配合任何排名机构，不浪费管理资源，不提供相关的数据，大学要坚守自己的理念，走自己的道路，专心于自己的教学和科研。在我看来，正是因为卡斯珀

---

① 世界大学排名数据源自美国《新闻周刊》公布的"世界大学排名"（https://www.cbsnews.com/news/us-news-world-report-2016-best-college-rankings-postgraduate-salaries/）。

校长没有因外来的舆论乱了方寸，不跟着各种排行榜起舞，不做那些华而不实的哗众取宠的事情，才有斯坦福的骄人成就。

忙于三件大事

大学校长肯定是全校压力最大、最忙的人，他们平时不露面、不应酬，其实是在专注于对大学发展真正有意义的事情上。亨尼斯在任16年为斯坦福的发展做出了杰出的贡献，他的工作可以概括为以下三个方面。

第一，为学校筹款。美国大学校长的第一能耐就是走出校园，联系企业，开辟财源，为大学筹措资金。待遇优厚是留住已有人才的重要条件，也是吸引杰出人才加盟的重要条件。另外资助大型的尖端科技研究，才能吸引优秀的大学生、研究生来读书。亨尼斯在任期内共为大学筹到130亿美元，平均每年的筹款金额是他上任前的两倍以上。纽约的教育援助委员会公布的报告显示，近十年中有九年，斯坦福大学获得的年度捐款额超过哈佛大学，稳居美国大学获赠捐款的榜首。

在亨尼斯任期中，美国大学经历了半个多世纪以来最严重的经济危机，各个大学的资金大幅度缩水，连加利福尼亚大学这样的名校都不能及时给老师发放工资。2008年前后，斯坦福大学也陷入资金严重不足的经济困境，此时亨尼斯校长以身作则，率先减少10%的工资，大学其他管理者纷纷效仿。可是节流并不能解决根本问题，关键还得开源。亨尼斯本身是研究计算机科学的，他的研究成果在企业界被广泛使用，大学所在的硅谷又是大型IT行业的云集地，所以他就发挥自己的专业优势，与大企业联系，筹措到足够的资金，使斯坦福能够先于其他院校渡过财政危机。亨尼斯与他的团队回想起这段时光时，用了"恐怖"（horrible）这个词来形容当时的危机。

人们常说，"再苦不能苦孩子，再穷不能穷教育"。亨尼斯校长确实没让孩子受苦。校长的收入可以减少，大学的管理经费也可以节俭，然而学生的奖学金不能减少。斯坦福的学费每年 5 万美元左右，算是相当高的。但是大学每年收的学费只占每年大学运作费用的 29% 左右。在大学财政危机的那几年，老师不再根据通货膨胀而加薪，大学的管理经费大幅缩减，但是给学生的奖学金反而增加了，确保有才华的学生都能顺利读书，而不让经济危机影响到学生的学业。亨尼斯甚至还推出这样的优惠政策，给家庭收入低于 10 万美元的学生免去学费，还给家庭收入低于 6 万美元的学生免费提供住宿。对学生慷慨是斯坦福的传统，他们日后事业成功，自然就会回报母校，这也是斯坦福能够成功渡过经济危机的原因之一。

第二，净化美化校园环境，提高学生的艺术修养。2016 年 6 月号的斯坦福校刊专门发文介绍亨尼斯的业绩，共列出了十余种数据说明亨尼斯的管理业绩，其中有这么几项引人注目：通过改建能源设施，使得学校的废气排放减少了 60%；校园里骑自行车来上班上课的人比以前有显著增加；学校的安德森美术馆又收藏了 121 件珍贵的艺术品；大学的图书馆、体育馆等建筑重新改造美化；新增加了学生视觉艺术活动中心；等等。

亨尼斯校长的这些工作旨在培养学生的审美意识，提高学生的艺术修养，让学生在一个空气干净、环境优美的校园里学习工作。由此可见，他不光重视那些看得见、摸得着的硬件设施的增加，也着力于那些看不见、摸不着的人的内在修养的培养。亨尼斯校长在欢迎新生的讲话中，鼓励学生去解决世界性的挑战，其中一个就是减少废气排放、控制温室效应。亨尼斯这种管理风格是以身作则，并不是一个大学校长的面子话、漂亮话，说说而已。

第三，打破学科之间的藩篱，促使交叉学科的发展。亨尼斯认为，科学探索是没有止境的，学科之间是没有边界的，特别重视推动学科之间的协作与交叉。这是斯坦福的一个传统，亨尼斯不仅延续了这个传统，还把它推向一个新的高度。不同学科交叉的重要性大家都知道，然而不同学科的学者之间存在着哲学信仰的不同、各种心理上的障碍，甚至学派上的纷争，所以跨学科人士之间的合作并不是一件轻而易举之事。亨尼斯打破种种藩篱，使斯坦福大学内部出现了很多跨学科的项目。最大的一个跨学科项目叫"X-生命科学"（Bio-X），其中一个研究课题是音乐系与神经科学系的合作，研究音乐的脑电成像等。

为促进跨学科之间的交流，斯坦福可以说是煞费苦心。斯坦福在住宿上也体现出不一样的理念。斯坦福有个专门给博士生的奖学金项目，从各个专业中选拔出最优秀的博士生，让他们住在一起一年，目的是为他们提供相互交流的机会。这些来自不同系科的学生，包括文学、心理学、物理学、化学、生物学等，相互交谈就很容易碰撞出思想的火花，因而做出有突破性的博士论文。这是很多大学应该借鉴的。

世界一流大学校长必须具备这种素质——热爱教育、热爱学生、拥有国际胸怀和眼光。亨尼斯在担任校长期间，不仅站在大学教育第一线，为本科生开设计算机科学的基础课程，而且还撰写了多种本学科的通用教材，其中《计算机的构造》和《计算机的组成与设计》被世界各个大学作为教材。

现在，亨尼斯卸任校长的职位，除了科研和教学工作，还担任一个基金委员会的主任。耐克公司的创办人之一菲尔·奈特给斯坦福捐赠了7.5亿美元，设立了一个"亨尼斯－奈特"基金，每年从全世界各个大学招收100名研究生，为他们提供奖学金和生活费，旨在培养下一代能解决世界问题的领袖和科学家。

斯坦福大学校长不做无谓应酬，不花心思于任何面子工程，故能集中精力只忙于对教学和科研有利的实实在在的事情，所以就不难理解斯坦福何以能够取得骄人的成就。

世界一流大学校长的主要任务都差不多，他们的管理方式虽然各有特色，但是也有很多相同之处。亨尼斯只是他们的一个缩影，从他身上可以悟出不少东西，可供其他高等教育管理者借鉴。

为何能四年七获诺贝尔奖

仅 2011～2014 年，斯坦福共有 7 人获得诺贝尔奖。揭秘这所大学的成功经验，对于破解"钱学森之问"或许有所启发，有助于探索培养世界级思想和科学大师之道。

一所大学培养出的诺贝尔奖得主数，没有几个国家能与它匹敌

只有短短 120 多年历史的斯坦福，已有 45 人获得诺贝尔奖。不要说世界上其他大学难以匹敌，就是拿国家来比，能超过斯坦福的也没有几个。要知道斯坦福建校的历史很短，只有 120 多年，考虑到建校长短这一因素，它可以说是当今世界最有创造力、最富有活力的大学。

诺贝尔奖分两大类，一类是和平奖与文学奖，评价标准受主观因素影响很大；另一类是科学奖，包括物理、化学、生理学或医学和经济学这四个领域，它们都有一个客观的国际标准，只有在这些领域取得世界顶尖的研究成果者才能获奖。斯坦福获得的诺贝尔奖全部都是科学奖。

一般来说，区别世界一流大学与普通大学的最有效的标准：一是看一所

大学培养的学生有多少成为具有国际影响力的学者；二是看在职的教师中是否有人能够获得世界顶尖级的大奖。

因有在斯坦福的求学经历，我对斯坦福不仅有切身的感受，而且给自己制订了一个研究计划，专门调查分析它培养人才的机制。读博士期间，学习压力大，无暇顾及其他；然而2010年的访学，没了学习的压力，就有时间研究它的办校理念。我这次访学最主要的任务就是探讨"钱学森之问"，并试图寻找答案。然而，要回答这一问题必须有一个前提条件，那就是得弄清培养杰出人才的条件和机制。为此目的，我利用这一年的访学时间"潜伏"于斯坦福的物理、化学、生物、数学、心理学、计算机等系科，旁听课程，参加讲座，观察它们的教学楼、办公楼的布局设计，如此等等。现在把我对这所大学的一些真实感受拿出来说说，希望能对大家有所启发。

学术讲座票一票难求

在斯坦福大学，让师生思考最前沿的科学问题已成为校风。下面讲一个典型的事例来说明这一点。2012～2014年的连续三年中，斯坦福化学系每年都有一人获得诺贝尔奖。这不是偶然的，与他们志存高远的追求密切相关。斯坦福化学系一年举办一次"威廉姆·约翰逊"学术讲座，只有诺贝尔奖获得者才有资格做会议发言，交流自己对本学科的最新研究，并预测本学科的发展动向。这个讲座至2010年已经举办了25届，2010年10月这次讲座发言人的名单如下。

（1）艾里亚斯·科里（哈佛大学），1990年诺贝尔化学奖得主。

（2）罗杰·科恩伯格（斯坦福大学），2006年诺贝尔化学奖得主。

（3）罗伯特·格拉布（加州理工学院），2005年诺贝尔化学奖得主。

（4）罗得里克·麦金农（洛克菲勒大学），2003年诺贝尔化学奖得主。

（5）斯坦利·普鲁西纳（加利福尼亚大学），1997年诺贝尔生理或医学奖得主。

（6）理查德·施罗克（麻省理工学院），2005年诺贝尔化学奖得主。

（7）阿达·约纳特（魏茨曼科学研究所），2009年诺贝尔化学奖得主。

看了这阵势，那是什么感觉！别说一般人没资格参加，连旁听都竞争很激烈，得买票，一张200多美元，比体育赛事和娱乐演出都贵。这就是知识的价值体现！我为了一睹这些大师风采，特别是为自己的课题搜集些情报，决定买一张票，可是一问，票早就卖完了。斯坦福校园里，最热闹的就是这种学术活动，任何歌舞表演和体育比赛都没有这种学术活动的吸引力大。

听讲座者中，除了本校的教授和科研人员，更多的是研究生和本科生。这种会议的效果是双重的：首先，让他们的教授和科研人员能够在科学最前沿选题，进行最尖端的问题研究，一旦有突破，这就是获得诺贝尔奖的契机；其次，这种高端会议所提出的问题会在学生心里留下深深烙印，激发他们的好奇心和探求欲望。

一所优秀的大学，课程开设不见得与普通大学有多大区别，最大的区别就在于学术讲座的层次上。斯坦福大学的每个系科都有自己的系列讲座，不仅质量高，而且频率也高。到这些大学学习，如果只知道学习课程而不听讲座的话，就是失去了获取这些名校最宝贵教育财富的机会，即使可以取得很好的考试成绩，未来也很难成大气候。

斯坦福师生吃饭时，谈论的都是什么话题

观察人们吃饭时谈论什么，是了解他们内心里在想什么、对什么最感兴趣的最佳时机。连吃饭时间都不愿意浪费的人，是一种执著，这是干好事情的前提。现在我们来说说斯坦福的生物系、化学系、医学院的师生吃饭时都

谈论些什么。

斯坦福的生物学系有一个宽敞明亮的现代化大型自助餐厅，食物很丰盛，价钱也合理，大约10美元就吃得很好。访学那一年，我经常到这个餐厅吃饭。与生物系紧邻的是医学院和化学系，所以这里也是这三个院系师生用餐最方便的地方。

我对这些人吃饭时谈论什么进行了长期观察，发现他们谈论的几乎都是与自己的研究、学习、工作有关的事，没有听到一次是在议论别人是非，也没有人传播社会上的八卦新闻，甚至体育、政治这些大众话题也很少听到。

他们把吃饭时间作为工作时间的延伸，相约的往往不是私人朋友，而是与研究、学业有关的人士。他们在吃饭中间交流信息，激发灵感，寻找合作契机。整个饭厅几百号人同时吃饭，但是一点不觉吵闹，大家都是在平静交谈。

为比较中外大学的差别，我借2012年去北大、清华、华中科大讲学的机会，特意到这些大学的食堂吃饭，观察他们在谈什么。那里都热闹非凡，十分嘈杂，谈论什么的都有，就是很少听到有人在谈学习或研究的。我也参加过国内的很多学术会议，也很少听到饭桌上交流研究心得。

我认为，要取得世界最好的科研成果，需要满足两个条件：一是在学术最前沿思考问题；二是专一执著，只想科研一件事。如果能做到这两点，即使平庸的人也能做出些成果来，而那些天资好的就有可能成为科学大师。

学校里那些完全是出于兴趣的各式讲座，
往往成为引发重大科学发现的契机

中国大学缺的不是人力、财力，而是对新思想的敏感和激情。现在就拿斯坦福的"复杂系统理论研究小组"为例来说明这一点。

"复杂系统理论"这一提法,也就是最近十几年的事,目前只有一些零散的论文,尚无成熟的著作。一天,我看到学校网站上的一则通知,学校的"复杂系统理论研究小组"有一个活动,请生物系的戈登教授做报告。我很好奇,就决定去听听看。

戈登是生物学系的一位女教授,她的报告主题是亚利桑那州大沙漠中的一种蚂蚁的"社会组织"。每年酷热的夏天,她都带一帮学生去做田野考察。他们发现,蚂蚁并没有各种级别的官员,也没有规章制度,却能够有条不紊地生活,可以避开天敌的入侵,可以有效地寻找到食物。它们靠的是什么?戈登教授的研究告诉人们这种蚂蚁如何分工协作,如何传递信息。她的演讲中使用了大量生动有趣的图片,真实,引人入胜,连我这个第一次涉猎这个领域的人,也听得津津有味。

其实,环顾一下我们的周围,就会发现到处都是"复杂系统",语言、人脑、交通、植物、人气无不是如此。该研究课题的目的就是从各种各样的复杂系统中概括出共性,为人们认识复杂的世界提供新的方法和思路。所以,我认为这是一个具有广阔发展前景的新领域,在不久的将来,将以一个完整的、系统的科学分支出现。

这次活动,大概有五六十人参加,既有资深的老教授,也有本科生、研究生。参加者有来自生物学、化学、物理学、语言学、心理学等系科的,也有来自文学、历史学这些传统人文学科的。组织者热烈欢迎每一个来者,包括校外的参加者。

组织这种活动,一要有敏感性,要有敏感的知识嗅觉,及时捕捉那些新思想;二要有激情,这些研究小组完全是出于兴趣,组织者投入大量的时间和精力,往往没有任何功利可图,顶多向学校申请一点儿活动经费,买些开会时用的点心和饮料,或者支付外校专家的交通费。这种自觉自愿的奉献精神,在科学探索的道路上是必不可少的。

斯坦福里类似于"复杂系统理论研究小组"的学术团体，五花八门，琳琅满目。这种研究小组完全是群众性的自发活动，没有任何校领导的指使与命令，有的只有几个人，有的甚至只有本科生参加。比如，那里有些华人子弟，成立了一个研读《论语》的小组，只有十几个人。他们看不懂原文就看英语翻译，每星期三晚上聚会。其间，他们听说我写了一本《孔子和他的弟子们》，就邀请我去给他们做了一次讲座。相比之下，中国大学更多的是舞会、武术、围棋、桥牌、气功等娱乐性的团体，鲜有探讨某种科学思想的组织。这是区别，也是差距。

一个大学有没有这种学术上热心肠的人，一个大学不同学科的人能不能发现共同的兴趣，然后为了共同的兴趣而走到一起，是衡量这所大学的人们的眼光和胸怀的可靠标准，也是这所大学能不能成为世界一流大学的重要标志。

出科学大师所需的生态环境

孕育大师不仅仅是学校这个小圈子里的事，也是整个社会的大事。它也需要一个大的生态环境，这就是社会这个大气候。世界级的大师往往集中在少数几个国家之中。诺贝尔奖是一个相对比较客观的指标，按照获奖的人数依次为美国、英国、德国、法国等。这些国家不只是诺贝尔奖获得者多，菲尔兹奖获得者及其他领域独领风骚的学者通常也较多。

这里只概略地谈一下孕育大师的"大生态环境"所包含的几种因素。

第一，大众的思维水准。就像体育、歌舞、文学一样，科学界要出现一批杰出的人才，必须有广泛的群众基础。这个群众基础有如下几层含义。

首先，群众普遍具有良好的逻辑思维能力、分析批判精神、探求真理的爱好。任何科学领域的天才都是有基数的，不可能人人都是天才。喜欢的人越多，出现天才的概率就越大。

其次，社会的价值判断决定年轻人的智慧发挥方向，也决定他们的竞争意识的取向。比如中国古代曾把作诗对仗作为判断一个人才智的标准，才有了"两句三年得，一吟双泪流"的执著。假如把诗文写作换成探求自然规律，中华民族有很大的可能会出现牛顿、笛卡儿这样的大师。

第二，哲学传统。哲学对一个民族的思维具有深刻影响，它不仅给一个民族的思维提供各式工具，而且也决定一个民族的思维领域和方向。公元前600～前300年，东西方各出现了一批伟大的思想家，他们很大程度上决定了东西方文明的发展方向。

中国出现了"百家争鸣"，代表人物是老子、孔子、孟子、庄子、荀子、墨子等，他们的学说虽然不同，但基本属于伦理、道德、政治、军事方面，缺乏对自然现象的思索，也没有给后世留下探索自然的工具。

然而西方的哲学传统则侧重对自然现象的探索。柏拉图主要致力于对概念、理论、宇宙及认知等相关问题进行研究。亚里士多德的著述既包括政治伦理方面的（如《伦理学》《政治学》），也包括逻辑学和自然科学方面的（如《工具论》《物理学》《形而上学》）。特别是《工具论》为科学探索提供了有效的思维工具。欧几里得的《几何原本》则是欧洲数学的基础。

中国的才子忙于吟诗作赋，成果是一本本的诗集；西方的才子忙于实验推理，成果则是一个个的科学发现和发明。

第三，教育体制与目标。教育体制涉及如何教育学生，如何选拔学生，要把学生培养成什么样的人。在各级学校开设什么样的课，每门课的内容是什么，是重视知识面、答题技巧，还是重视学生的智慧开发、能力的培养；是把学生关在教室里天天埋头于书本，还是从小就叫他们观察自然、感受社会，最后培养出来的学生是大不一样的。

此外，美国的大学具有巨大的自主权，怎么办学，开设什么样的专业，每个专业有什么要求，每门课讲什么内容，都是由学校和老师自己决定的。这种个性化教育是最能培养大师的体系。

第四，家长和老师的期许。长期以来，我们的家长和老师对孩子的期许重在面子和实用上，经常跟孩子说的话就是："你将来考上名牌大学，给父母争光，给学校带来荣誉，自己有个稳定、体面的工作。"那么孩子们一旦考上了名牌大学，一旦有份体面的工作，就觉得人生已经成功了，以后该如何走，就茫然不知所措。

西方人对孩子的期许与我们明显不同，他们更重视孩子的智慧是否得到充分的发挥，自己的努力是否让社会变得更加美好等。所以，部分有天赋和使命感的人超越了别人而成为大师。

第五，科研管理与评价系统。现在中国的不少大学都把科研量化，在这种体制下，人人都忙着发文章和专著。目前，中国已经在论文的数量和书籍种类上超过了美国，但科研往往是不能量化的，讲究的是质量，如我了解到的德国教授，一年发一篇论文就可以达到要求。

第六，工作环境和科研条件。各个学科的国际级大师，往往集中在少数几个国家的少数几所大学和研究机构中。这说明，这些大学的工作环境和科研条件更有利于这些大师的工作，这里既包括硬件，也包括软件，而且软件更重要。软件主要有高水平的同事、协同合作的精神、行政管理的支持、没有外在的干扰、得天下英才而教之的机会、前沿性问题的探究，等等。

第七，道德风尚。学者的道德风尚也与大师的培养密切相关。不尊重他人的劳动成果、浮夸成风、官本位思想、缺乏诚信等，都影响对大师的培养。

诺贝尔奖是"发现奖"，而不是"发明奖"

顺便说说，中国人普遍对诺贝尔奖有两个认识上的误区。

首先，诺贝尔实际上是"发现奖"，而不是"发明奖"，就是只授予发现自然界业已存在的规律者。所以，再伟大的发明也获得不了诺贝尔奖，比如电脑的发明、电视的发明等，而中国人引以为傲的古代"四大发明"，也同样不是诺贝尔奖考虑的范围。

真正改变世界的是"发明"，而"发现"只是让人认识世界。然而，"发现"是"发明"的前提，是科学理论赖以建立的基础。

中国古人善于发明，拙于发现。现在中国提倡"创新发明"，在这些方面设立了很多大奖，然而相对忽略了"发现"的重要性。很多高校的校训都提到了"创新"，但是没有一个讲"发现"的，说明人们对此的认识还不清楚。

如何打造世界一流师资

大学名气大，教师队伍牛人多

老师是学校的支柱，世界一流大学的师资，也必定是一流的。那么，他们是啥样子的？如何产生的？又是如何工作的？下面就谈谈我个人的一些观感。

20世纪90年代初，我到美国求学，先后在加利福尼亚大学圣迭戈分校、加利福尼亚大学圣塔芭芭拉分校、斯坦福大学等院校学习或者工作过。按照上海交通大学发布的"2016年世界大学学术排名"，这三所大学都排在世界前50名。他们之所以名气大就是因为牛人多，就拿诺贝尔奖来说吧，斯坦福大学有45个，加利福尼亚大学圣迭戈分校有16个，加利福尼亚大学圣塔芭芭拉分校有8个。

诺贝尔奖不授予数学家，数学界的最高奖是菲尔兹奖，斯坦福大学和加利福尼亚大学圣迭戈分校分别都有两人获奖，获奖总人数皆名列世界大学前10名。在这两个学科大奖不涵盖的其他学科领域中，这些学校也都有许许多多世界上领风骚的人物。

不拘一格选拔世界一流老师

一流大学的老师不仅要传道授业,还要创造发明,不断做出领世界风骚的科研成果。学校保持创造力和活力的主要秘诀就是招揽不同文化背景的学者,让他们的思想相互碰撞,激发灵感火花,从而做出学术突破。

一所大学在多大的范围内选拔师资,在很大程度上决定了其一流的级别。在一个国家内部选拔人才,只能成为该国的一流大学。要成为世界一流的大学,那么就要在全世界范围内选拔最优秀的人才。斯坦福聘任老师的原则就是,选拔在世界范围内该学科最顶尖的人才,而且特别关注出自不同文化背景者,因为这样的队伍更能激发出创造力,有利于做出重大的科学突破。

人们普遍认为,数学是全世界统一的,没有太多文化上的差异。事实上,虽然数学研究成果的鉴别标准国际一致,然而数学理念的突破则可能受不同文化传统的影响。斯坦福数学系的教师队伍,除了美国本土培养的学者,还有来自波兰、中国、印度、伊朗等国家的学者。

2014年,该系的伊朗裔教授玛利亚姆·米尔扎哈尼获得菲尔兹奖,她是自该奖设立近百年来,第一位获得这项殊荣的女数学家。评奖委员在说明她的成就时,特别强调她从波斯文化的角度对曲面几何做出了杰出贡献。

无独有偶,在同年获奖的普林斯顿大学的曼纽尔·巴尔加瓦教授则来自印度,他从小跟爷爷学习梵文。2010年我在斯坦福访学期间,巴尔加瓦应邀来讲学,他的讲座题目是"数学与语言学",就谈到他从梵文诗歌中发现的一个数学规律。

在世界数学发展史上,波斯人和印度人做出了不少杰出贡献,从这两大文明体系熏陶下成长起来的人才,在顶尖级的学府里与其他文化背景者一起工作,就有利于做出新突破。

不仅文化背景差异有利于激发创造力，不同学科背景者在一起工作，也会发生激烈的思想碰撞，从而做出创造性的研究成果。就拿斯坦福的语言学系来说吧，该系一共有十几名教授，这些教授大学本科的专业有数学、哲学、心理学、电子工程等，后来才选择了读语言学博士，最终不少人都成为语言学界的风云人物或新学派的创始人。

在生物界，近亲繁殖必然导致物种的退化，不同品种的杂交往往可以产生强壮的下一代，学术界也是一样的道理。世界一流大学采取各种措施杜绝近亲繁殖现象的发生，如规定本校毕业的博士生不能留校任教，在外边闯荡有了突出成就才可以考虑请回母校任教。在这些学校，绝不见一个知名学者身边都是自己培养的弟子这种裙带现象。如果一个系科被一个大学者和他的一帮徒子徒孙所占据，形成家族式的状况，必然导致创造力的衰退。

从工资和休假制度上激发创新热情

如果一个人长期待在一个安逸的环境里，就会不思进取，从而丧失创造力。所以这些大学从工资和休假制度上来激发老师的科研热情和创新活力。

美国大学多实行年薪制，就是规定好一年给老师多少钱，然而却在9个月内平均发放完，其他3个月不发薪水。这是大学有意给老师一个错觉：大学每年只雇你9个月，每年暑假这3个月你得自己去"觅食"。这样就造成一个结果，多数人要么通过申请科研基金，要么到其他院校或者国外大学机构参与合作来给自己发工资。如此一来，很多人的科研成果在增加，科研水平也在提高。

知不足，然后能自强也。一个老师长期待在一个地方不动，知识就会固化、老化，创造力也就跟着下降。这些大学都有学术休假制度，规定五六年中，老师可以带薪休假一年。这一年老师可以专心做科研，给自己充电。老师们的充电方式多种多样，这里介绍几种我所亲见的。

第一种方式是走出去，到世界其他知名的大学或者科研机构做科研。2010年我在斯坦福访学期间，我的导师保罗·柯帕斯基教授就去德国著名的马克斯－普朗克科学所做了半年研究。

斯坦福校园里，一直都有很多来自其他院校的访问学者。我在那里访学期间，哲学系来了一位普林斯顿大学的著名教授，我听过他两次学术讲座。

这种学术交流是双赢的，一方面来访者自身可以进步，另一方面也为所访问的学校带去了新思想。要知道，这种交流与中国大学的老师进修不同，我们一般是地方院校派老师到名校取经，而人家的是同级别学者之间的思想交流和观点碰撞。

第二种是待在本校向同专业的同事学习。比较而言，"不耻下问"并不是最难的，在上者问在下者，起码可以落一个"虚怀若谷"的美名。最难的则是"不耻中问"，因为平辈之间是相互竞争的关系。

在我访学期间，语言学系的资深教授汤姆·瓦沙利用学术休假，一边做自己的研究，一边听本系琼·布兰南教授的课。他们两个的研究方向不一样，瓦沙是研究语言认知的，布兰南则是词汇功能语言学的创始人。

那一学期，布兰南开设的课程是给研究生上的实验句法学，我也上了，而瓦沙教授就跟我们研究生一样，准备阅读材料，按时上课，积极发言。瓦沙教授的做法在美国大学并不是个别现象，而是普遍现象。

第三种方式就比较独特了，让有不同学科背景者为邻。斯坦福大学专门设立了学术休假办公中心，学术休假的老师可以在那里申请一间单独办公室。这里汇聚着全校不同系科的学术休假的老师，他们的交流可以碰撞出思想的火花。在访学期间，我拜访了历史系的华裔学者张少书教授。当时他正处于学术休假期间，也是离开历史系的办公室，每天专门到学术休假办公中心搞研究。用学术交叉来激发老师们的灵感，大学真是煞费苦心，别出心裁！

欧美许多国家也有国家级别的供多学科背景的学者走到一起的组织。例如，美国的普林斯顿高等研究院，他们把不同学科的天才招揽在这里，给他们提供优厚的待遇，让他们自由交流、自由碰撞，这种机制往往会造就世界风云学者。爱因斯坦的后半生就是在这里度过的，他后来的思想深受本院同事——大数学家哥德尔的影响。华人诺贝尔奖获得者李政道和杨振宁也曾在这工作过。

法国也有类似的国家机构，这里不分自然科学和社会科学，把各个领域的大学者招揽在一起，让这些人朝夕相处，相互交流，学术突破由此而产生。

老师没有行政职务的压迫感

一流大学都有平等和民主的氛围，因为这是科学研究不能缺失的东西。新来的年轻老师在职称和待遇上肯定得从头开始，但是其他条件都与老教师没有区别，如都有自己独立的办公室，而且办公室大小都一样。除此之外，还给他们一些特别的照顾，比如给他们科研启动费，给他们专门做研究发表论文的时间。因为大学知道，这些年轻人代表着学校的未来。

我也从未听说哪个老师热衷于行政职务。这些大学的行政职位设得很少，拿斯坦福来说吧，它的科学与人文学院一共有27个系，包括物理、化学、生物、英语、心理学等传统系科，然而整个学院只有一个正院长，外加两三个副院长，每个系只有一个系主任，不设系副主任岗位，也没有教研室主任之类的头衔。可是这个学院充斥着世界级大牛，仅2012～2014年，生物系和化学系就有5人获得诺贝尔奖，可是无人因此就戴上各种"长"的头衔。没有行政职务的压迫感，少了论资排辈的无奈，大家都可以集中精神、轻松搞科研。

"君子之交淡若水"的人事关系

在世界一流大学里,不论是老师之间还是老师与学生之间的关系,都可以用"君子之交淡若水"来形容。那里的人事关系非常单纯而简单,领导要操心的事情也少,不用调解人事纠纷,清净的环境也是专心做科研的保证。

君子之交的特点就是"和而不同",从而达到教学和科研的最佳效果。还拿斯坦福大学语言学系来说,各个学派的老师都有,他们的语言哲学观相互对立,研究方法也各不相同,大家学术上有不同的追求,然而都能做到相互尊重,在竞争中进步。

这个系最知名的语言学家就是已故的格林伯格,他是功能主义语言学的鼻祖,现在该系的会议室还是以他的名字命名的。而麻省理工学院的乔姆斯基则是形式主义语言学的创始人,系里起码有三位教授都是乔氏门徒。要知道,这两个语言学派在学术上是互相对立的,但学校却有意识地雇用这两个学派的人,为的是保持学术的创新力。

老师和学生之间除了学业,没有其他方面的瓜葛。老师的家务事不需要学生操心,老师的生活问题不需要学生打点,反之亦然。这样双方都轻松,都可以把心思专注于学业和科研。

美国的大学没有围墙,大学内五花八门的学术团体就是圈子。这个圈子不是根据国家民族、毕业的院校、出生地域等关系而形成的,而是以学术兴趣相投组合在一起。

心无旁骛专注于教学与科研

一流大学校园的主旋律只能有两个:教学与科研,不能有其他杂音。他们的老师很有定力,心无旁骛,故能宁静致远。因为要在学术文化上做出杰出成就，人就不能太物质，不能让物欲占据大脑。

斯坦福大学的物理系闻名世界，物理系走廊的彩色屏幕上是纳米结构图，墙壁上贴着各种物理实验报告，由此可以看出这里的氛围

我在美国大学那么多年，不论是老师之间，还是老师和学生之间，也不论在什么场合，从来没有听说有人谈论房子的大小、科研经费的多少、工资的高低或者汽车的品牌这类话题。在斯坦福访学期间，我时常到紧挨着化学系、医学院和生物系的餐厅吃饭，每天中午都有几百号人来这里吃饭，我静心听一下周围人都在说些什么，结果发现，大都是在交流与工作有关的事情，他们往往是把吃饭时间当作交流研究心得的机会。

这是斯坦福大学校园里的装饰物，一个石柱代表"教学"，一个石柱代表"科研"，一流的大学都是靠这两个"石柱"支撑起来的

我在圣塔芭芭拉分校工作期间，我的导师李讷教授一般都是利用吃中午饭的时间来与我交流学术问题。从吃饭时人们所谈论的话题，可以窥出他们的精神追求。

我在这些大学的校园也从来没有见到单纯以赚钱为目的的培训班，更没有借各种名目发文凭的班级。每年到了暑假的时候，整个校园静悄悄，一派田园诗般情调，人们都在做科研、写论文。

发自内心热爱自己的职业

人们常说"干一行爱一行"，世界一流大学的老师常是因为爱这一行，所以才干这一行。这些大学的老师，经济状况算不上富人，过的就是普通生活。大学年轻老师的起薪还没有企业同级别的高，但这些人常有发自内心对教育和科研的热爱，把这些作为生命的一部分，对科研和教学的热情一直能够燃烧到生命的最后一刻。

沃尔特·莱文是麻省理工学院的知名物理学教授，他的课深受学生们的喜爱。他教授的物理学课程的录像被放在网上，有数以百万计的人观看。我也系统看了他的物理学入门、电磁学、机械振动等课程。即使已经年过古稀了，如果这天有课，他早上6点多就和太太一起驾车到学校，在教室里反复演示各种实验，以保证教学不出差错。而且他把每堂课的内容都烂熟于心，上课时不看教案，就能迅速而准确地写出公式定理的推导过程。

在他退休前的最后一堂课上，全校的师生来了很多，挤爆了整个礼堂。莱文教授的最后一句话让我感触至深，当他说到"这是我最后一次站在这里讲课"时，不禁老泪纵横。是呀，讲堂是他人生价值的体现，只有把讲堂视为生命者才会有这样的情感！

我在斯坦福访学期间，遇到三位老师的年龄都是70岁以上。一位是语言学系我的导师保罗·柯帕斯基,一位是教统计学的老师,一位是计算机系教信息论的卡维尔教授。他们不仅能够做出重要的科研成果,而且站在科研第一线。这些人都不是因为经济上的原因而工作,他们都已工作多年,而且是知名教授,享有优厚的退休待遇。

我的博士生导师伊丽莎白·特劳戈特教授虽然年届八十,退休多年,却仍精力充沛地从事科研,到世界各地参加学术会议,还在牛津大学出版了一本学术专著,代表着该学科的最前沿研究成果。

美国老师的敬业精神也是感人的。在我写博士论文期间,几十页的论文,特劳戈特教授从来不拖,一般不会过一周,就会把详细意见,包括用词和语法错误,写在一张纸上,紧接着的下一个星期,往往会有一个详细的约谈。这些老师热爱科学研究,敬业乐业,所以才能活到老干到老。

专业研究与热衷科普并重

子曰:"知之者不如好之者,好之者不如乐之者。""乐之"是干任何事业的最高境界,世界一流大学的老师不仅从科学研究中获得快乐,也让大众在快乐之中了解他们的思想。他们有两个特征,一是能取得高质量的科研成果,二是能写出风靡世界的科普著作。因为他们都明白,向大众普及科学知识,拉近大众与他们的距离,提高大众的科学素养,是产生科学大师的重要基础。

霍金是剑桥大学牛顿讲席教授,他的科普著作《时间简史》风靡世界。斯坦福也有很多这样热心为大众服务的教授。我在中国读大学的时候,就看过斯坦福数学系波利亚的《怎样解题》《数学与猜想》等普及性读物。我到斯坦福的时候,这位数学家早已去世,数学系有一门用他的名字命名的数学课,是专门培训大学生参加数学竞赛的。访学期间,我也旁听了这门课。

很多人可能以为，世界一流大学的老师都是工作狂，其实不然，在斯坦的校园里很少看到加班加点、挑灯夜战的现象。每天下班以后，每逢周末或者假期，整个校园就是田园般的静谧。因为他们心静，考虑的事情单纯，所以除了科研和教学以外，还有时间娱乐。

给我留下最深刻印象的就是语言学系和心理学系的老师自行组织了一个乐队，他们自己写词谱曲，每周在一起排练。在一次学术会议上，他们还给大家表演。他们的娱乐方式也充满创意，反对模仿，提倡创新。

清华大学前校长梅贻琦有一句名言：所谓大学者，非谓有大楼之谓也，有大师之谓也。

教育理念

从校训看教育目标

校训最能体现一所大学的教育理念，它不仅反映教育价值观，还指示教育的终极目标。斯坦福的校训与美国其他大学一起反映了欧美人的高等教育价值观，从中可以窥见他们的教育思想。

校训是什么？是一个学校培养的理想人才的素质，是教育的终极目标。东西方大学在这上面存在着重大的差异。"钱学森之问"的答案之一就是我们的高等教育目标本来就不是培养大师。

中国的很多高校都有"苦干若干年成为世界一流大学"这类的口号。那么，什么叫一流大学，或者说判断一流大学的标准是什么？在我看来，主要有以下两个。

第一，有没有影响人类生活的科研成果。比如，斯坦福的计算机系一直雄踞美国各高校之首，对人们生活影响最深的技术，诸如互联网、搜索引擎的理念和技术都是首创于这里；著名的计算机公司"惠普"（HP）是斯坦福的两个学生创建的公司；以斯坦福为神经中枢的硅谷是世界计算机技术的心脏。

第二，有没有影响世界的科学家、思想家。比如斯坦福的很多学科都有一批在各自领域独领风骚的人物。就拿诺贝尔奖获得者的人数来说，斯坦福就有45人。这比俄罗斯、日本这些科学技术发达国家的总和还多。

要评判一个大学的质量，很多软指标不好把握，那就以诺贝尔奖获得者的多少来给美国大学排排名，名次如下。

第一名哈佛大学、第二名斯坦福大学、第三名芝加哥大学、第四名剑桥大学、第五名加利福尼亚大学伯克利分校、第六名哥伦比亚大学、第七名麻省理工学院、第八名耶鲁大学、第九名普林斯顿大学、第十名加州理工学院。

这些学校为何能够取得如此骄人的科学成就？看看校训，就知道它们何以能够出这么多人才。

求真，追求真理，是西方教育的终极目标。哈佛大学的校训就是"真理"[Veritas（拉丁语，英文译为Truth）]，这个"真理"既包括人类社会的，也包括自然界的。诺贝尔奖几乎都是授予在各个领域有新发现的人。

要求真，就必须独立思考，不能受权威的左右，不能受政治的影响，要不拘一格去探索。科学研究的天敌要么是被别人束缚，要么是自己束缚自己。斯坦福的校训就是"自由之风永远吹拂"[Die luft der Freiheit weht（德文，英文译为The wind of freedom blows）]。自由是追求真理的条件，真理是自由追求的目标。

这里所说的"自由"主要是指科学探索的思维活动。思路打不开，自由不起来，常常是自己约束自己，这主要是受自己的教育背景、知识结构、文化传统或思维定式的制约。

求真也罢，自由也罢，最终落脚点还是个人的智慧。同样的条件，为何不同人的成就不一样？这就在于个人智慧的开发程度不同。所以加利福尼亚大学伯克利分校的校训就是："愿知识之光普照大地"（Let there be light）。不论是个人、学校，还是一个国家，如果每个人的智慧都得到充分的开发，就会有活力，就会有创造力，个人就会成功，学校就会发展，国家就会强盛。

人都想过得好一点儿，舒坦一点儿，称心如意一些，都期待"心想事成""事遂人愿"。下定决心过苦行僧日子去探求真理的毕竟是少数人。那么，就会有人说："既然那么苦，为什么要去追求真理！"答案就是加州理工学院的校训"真理使人自由"（The truth shall make you free），即可以让更多的人进入自由的王国。

再好的理论、再伟大的思想，要造福人类，必须落实在生产技术上。这就不仅要求有人会动脑去发现，还要求更多的人会动手，能把理论变成技术，转换成产品。这就是为什么麻省理工学院的校训是"既学会动脑，又学会动手"（Mide and Hand）。

上述几所著名大学的校训，组合到一起就是科学教育的蓝图。

不比不知道，一比吓一跳。看看中国几所名列前茅的大学的校训，就知道我们的教育目标与西方是多么的不同！

（1）清华大学：自强不息，厚德载物。

（2）北京大学：爱国、进步、民主、科学（1998～2005年）。

（3）北京师范大学：学为人师，行为世范。

（4）浙江大学：求是、创新。

（5）复旦大学：博学而笃志，切问而近思。

（6）武汉大学：自强、弘毅、求是、拓新。

我考察了100所国内大学的校训，虽然措辞不一样，但是不外乎以下几个方面。

第一，重视道德修养。清华的"厚德载物"、北大的"爱国、民主"、北师大的"学为人师，行为世范"，等等，讲的都是道德修养。政界选拔人才，要讲究"德才兼备"，中国人不论是学习还是搞政治，都倾向于把"德"放在第一位。

第二，强调学习态度。清华的"自强不息"，北大的"进步"，特别是复旦的"切问而近思"，说得都是一种学习态度。这也就是说，我们更强调的是学习过程，至于最终的结果是什么，很少有人去关心了。从小学到大学，老师给学生的评语常常是"学习态度认真"，都是这个重态度的观念。

第三，强调知识面。复旦的"博学而笃志"说的就是一个人要知识渊博。北大的校训来自"五四运动"的口号，其中的"科学"也是一种知识，即学习西方的科学知识。

中国大学的校训反映出了两个认识上的误区：一是"实事求是"；二是"发现创新"。"求是""求实"与"求真"有什么区别？很多大学的校训都用到了"求是"或"求实"。"是"是"如此"，"实"是"实在"，两者强调的都是一种现象。有人把"是"解释为真理，其实"是"根本没有这个意思。

"实事求是"出自《汉书·河间献王刘德传》，讲的是刘德的学习态度："修学好古，实事求是。""是"在那个时代是"这个"的意思，指代一个东西。我们教育的一个问题就是把学生教得"过于实"了，缺乏想象力和创造力。而真理往往是潜伏在现象背后的，如果一个人过于"实在"，缺乏想象力，是探究不到真理的。比如，一个人手里拿块矿石，看得真真切切，够实了吧？但是这样能够发现元素周期表吗？要发现元素周期表，还需要对自然界有一种哲学假说。不论哪一行，有没有宏观认识，有没有哲学思辨，就区别出大家和小家。所有的大师，都有一种对自己领域的宏观把握，都拥有非凡的创造力。

"发现"重要，还是"创新"重要？中国很多大学的校训都有"创新"或"拓新"这样的词，国家还设有"发明创造"类奖项。其实，"发现"比"创新""发明"更重要，"创新"、"发明"必须建立在"发现"的基础之上。"发现"是自然界本来有的规律，人们把它揭示出来了，如电的发现、磁的发现。"创新"则是世界本来没有的东西，人们制作出来一个，如电脑的发明、飞机的发明。没有电和磁的发现，就不可能有电脑的发明。如果没有"发现"作为基础，仅仅靠偶然的巧合的"发明"，往往缺乏可持续发展性，无法建立一个完整的理论系统。

中国的科学技术史表明，我们的先人长于发明，短于发现。我们引以为豪的"四大发明"、张衡的地动仪、袁隆平的水稻杂交技术，可以说都是了不起甚至伟大的发明。但是因为没有发现作为支撑，就很难理论化、系统化，无法形成一种学科、学派。

人类最有影响的科学成就基本都是发现，比如电、磁、氧等的发现，现代文明就是建立在这些发现基础上的。诺贝尔科学奖基本都是授予科学发现者而不是发明者。

如果让我们用两个词分别来概括东西方教育的终极目标，那就是：中国的教育强调伦理与知识，终极目标——君子；西方的教育强调真理与智慧，终极目标——大师。

中国高校的校训几乎都是来自儒家的经典，受孔子的教育思想影响最深。孔子办教育的目的是什么？就是给政界输送人才。孔子创办的学院实际上是中国第一所政法大学。中国古代知识分子的两套豪言壮语——"修身、齐家、治国、平天下""为天地立心，为生民立命，为往圣继绝学，为万世开太平"都是儒家理想的政治家，跟探求真理的科学家、思想家没啥关系。这就可以理解，樊迟要学农业，被孔子骂为小人，没有出息，为什么不去当政治家呢？其实，影响今日生活最深刻的一门学科——基因科学，就是从种庄稼中发展起来的。

把提高道德修养作为教育目标，本身没有任何错。一个和谐的社会，特别是一个廉洁的政府，需要千千万万的君子。但是，我们也必须认识到，以培养"君子"为首要目标的教育是不大可能培养出大科学家、大思想家的。

然而，科学求真的本身产生出巨大的"副产品"，就是不一定投入者都可以当科学家，但是养成了很多科学研究者的君子风度。科学探索中包含协同合作的集体主义精神、认真负责任的工作态度、尊重他人的道德风尚、接受别人检验的自律精神、造福大众的博爱精神。一个人具备了这些品性，不就是一个现代的君子嘛！

西方的大学特别强调学生要为社会服务，解决人类面临的科学难题。斯坦福大学工程学院大厅墙壁上镶嵌的牌匾上镌刻着利兰·斯坦福把家产捐出来建立学院的目的："所开设的课程必须让学生获得个人成功，并具有直接的现实用途。这里的老师和学生应该更好地为社会大众服务。"但是，造福人类的科学发现、发明，毕竟是少数大科学家的事。绝大多数的人只能做些知识的继承和传播工作，过文化人的普通生活。这种教育相当成功，相当深入人心。这些人大学毕业之后，以各种方式为社会服务。美国有种社会现象非常令人赞叹，那就是做义工的人非常多，有些社区医院的运作，由于缺乏资金，基本上是靠义工来支撑。在斯坦福就读的外国学生或访学者，总能找到那些退休的老师来帮助你改善英语。义工成员，从中学生到退休人员都有。在这里"雷锋"的事迹没有人去报道，因为太多了；也没有人去提倡，因为已经成了很多人的自觉行为。

国内很多人可能对这种现象有误解，认为他们有钱，吃饱了没事干，才会去做义工。这完全是一种价值观问题。

在培养道德高尚的君子上，东西方的教育则是：有心栽花花不开，无心插柳柳成荫。

自由和真理之间的逻辑

一天给大学生上课时,我问他们最大的愿望是什么。有人说毕业后找到一份好工作,有人说将来有钱到世界各地旅游,也有人说拥有选择做自己所喜爱的事业的自由。我就接着问,你所说的"自由"到底是什么意思?得到最多的答案是不受父母或老师的约束,没有社会或政府的限制,随心所欲地做自己想做的事情。年轻人普遍都是这样理解自由的,似乎自由是别人给的,那么感到不自由自然就是别人的责任。大家都可以认真想一个问题,如果每个人都随心所欲地做事,包括父母、政治家等周围所有的人,这个世界就一定更加美好了吗?你愿意生活在这种人人都随心所欲的社会吗?恐怕很少有人会给出肯定的答案。

古往今来,无数中外哲学家、政治家、文学家等都从自己的角度来诠释"自由"二字,自由也是一代又一代年轻人追求的目标,然而人们对它内涵的理解则莫衷一是。这里让我们看看世界名校的校训是怎样说的。校训是一所大学对教育本质的理解,是培养学生的终极目标,以下三所世界知名大学的校训合在一起道出了"自由"的真谛。

哈佛大学校训:真理。

斯坦福大学校训：自由之风永远吹拂。

加州理工学院校训：真理使人自由。

"真理"就是各种规律，涵盖自然、人性、社会等各个领域的事物现象。哈佛大学的校训道出了教育的终极目的，斯坦福大学的校训道出了达到这一目的的手段，加州理工学院的校训道出了"真理"与"自由"之间的逻辑关系。教育的终极目标是追求真理，而要求真就必须有自由的思想，探求真理可以让人类获得更大的自由。所以，这三所世界名校的校训合在一起，就是一个关于"真理"和"自由"两者之间关系的完整故事。

追求真理是西方教育的终极目标。哈佛大学的校训就是鼓励学生追求真理，教育就是培养学生追求真理的精神和智慧。然而要发现真理，就必须独立思考，不被权威左右，不能受政治的影响，要不拘一格去探索。科学研究的天敌要么是被别人束缚，要么是被自己束缚。斯坦福的校训就是"自由之风永远吹拂"！自由是追求真理的条件，真理是自由追求的目标。追求自由的本质就是获得愉悦和审美，只有掌握了真理，并自觉运用于实践中，才能有这样的体验。人类为什么要艰苦探索而去追求真理？答案就是加州理工学院的校训——"真理使人自由"，可以让人获得力量、愉悦和审美。

在中华上下5000年的文明史中，对"自由"和"真理"的理解最到位、最深刻的莫过于庄子，他的"判天地之美，析万物之理"（《庄子·天下》）精辟概括了两者之间的关系。这里所说的"理"就是自然的真理，只有掌握了真理才能领略天地之大美。

庖丁把"解牛"这种艰苦的劳作变成一种乐趣——他宰牛的动作如同舞蹈那么轻松愉快，刀子触牛的声音如同音乐那么悠扬动听，牛刀用了十九年不磨还如同新的一样。之所以能够达到这种出神入化的境界，是因为他对牛的生理结构了然于心，就是说规律赋予他最大的自由。庖丁的自由不是放弃杀牛这种艰苦的劳作，去干那些安逸而又赚钱多的职业，而是对自己本行业规律的掌握。人类社会分工是必然的，每个人掌握自己所在领域的规律，按照规律办事，就可以获得更大的自由带来的幸福感。

斯坦福大学的校徽
内圈的一行字为德文，意思为让自由之风永远吹拂

100多年来，全世界广为传颂的匈牙利诗人裴多菲的诗篇："生命诚可贵，爱情价更高，若为自由故，两者皆可抛。"这是对"自由"的狭义理解，即等同于挣脱"束缚""限制"。然而如果把"自由"理解为对"真理"的掌握运用，那么"自由"不仅与"生命"和"爱情"是相容的、不矛盾的，而且"自由"可以让生命更有意义，使人生更加出彩。

如果每个人都能掌握人性、社会和自然的规律，按照规律来办事，人们就会获得最大限度的自由。自由不是别人给予的，也不是权威者恩赐的，而是来自每个人对真理的掌握和运用，真理能给人以力量、愉悦和审美，这就是获得自由后的境界。

坚守板书的教学方式

现代科技的发展既为人们提供了便利，也对一些学科的教育构成潜在的威胁，使用不当则适得其反。

板书或手写是一种不可替代的重要学习方法，然而随着电脑的普及，特别是智能手机的大众化，这种学习方法受到了严重的威胁。下面以我自己的经历和学习经验谈谈手写的重要性。

现在的手机也是相机，很多人就用手机代替手写，把它作为一种记录信息的工具，看起来手机的"记录功能"准确无误，而实际上严重影响学习成效。下面就谈谈这个问题。

自从有了电脑以后，人们用手写的机会就越来越少了。现在不少学生课堂上用手机拍摄教学内容，不想记笔记。而很多世界知名的大学有明确规定，课堂上禁止用手机拍摄教学内容。

斯坦福大学的计算机系雄冠全球，学校位于世界IT行业的心脏——硅谷，苹果公司的总部就设立在这里。学校教室的现代化教学设备应有尽有，然而很多学科的教学完全不用电脑，仍然坚持传统的教学方式，就是老师在黑板上用粉笔板书，学生记笔记。在一些课上，老师明确规定，只能以手写方式记笔记，不能用笔记本电脑记录，更不允许用手机拍照。我于2010年在斯坦福访学期间，旁听了数学系、统计学系、心理学系、计算机系和物理学系等的十几门课程，除了心理学系的课程用PPT，其他课程都是采用传统的教学方式。

斯坦福的老师为什么要坚守传统？这是由学科的性质决定的。像数学这种课程，要使用大量的抽象符号，而且内容大都是定理公式证明推导，如果老师只展示事先准备好的PPT，学生就没有机会领悟推导过程，再加上自己不动手抄写，上课内容就成了过眼云烟，脑子里留下的印象会很浅，很难掌握好这些知识。

老师过度依赖PPT也会影响教学效果。黑板板书也强迫老师不能偷懒，每次上课都要认真备课，如此才能温故而知新。我非常佩服斯坦福的教授，他们大都能把教学内容烂熟于心，一堂课50分钟，要写十几个黑板的板书，很多老师常常是不看一眼教案。斯坦福教室的黑板也设计独特，通常是多层的，还可以上下左右移动，便于这种传统式的教学。试想一下，假如老师用PPT，只需准备一次，然后年复一年地用，老师自己是轻松省事了，结果可能不是熟能生巧，而是与教学内容越来越隔膜、越来越陌生。

板书是美国当今仍然非常流行的一种重要的教学模式。沃尔特·莱文是麻省理工学院知名的物理学教授，他的课非常受学生的欢迎。在网络上，我系统看了他三门课的教学实况录像，包括"物理学入门""电磁学""振动原理"等，全部都是采用板书的形式。

最近我遇到一位来自纽约州立大学的老师，说他们学校得到一大笔的捐款，盖了一栋数学大楼，每个教室都有上下左右滑动的多层黑板，就是为了适应数学的教学特点。杨振宁就是在这所大学工作的。这个大学在数学、物理领域很厉害。前几年我在斯坦福大学访学时听了两位来自这所大学的教授的学术报告,他们的报告内容全部是现场在黑板上手写的,既没有讲义提纲,也不用 PPT。

我现在有一个习惯,看书时手里一定拿支笔,随手把一些重要的内容画出来,特别是把当时出现的一些观点记下来,这些灵光一现的想法很珍贵,往往是事后写文章的题材。这些读书时的灵感如果不及时写下,过后可能烟消云散,再也想不起来了。同时,手写还可以激发自己积极思考,从而提高读书效率。

学生要体验"学而时习之"的快乐,必须放弃手机拍照而手写;老师要做到"温故而知新",也要少用 PPT 而多用板书。

现代科技的发达为学习提供了巨大便利,同时也威胁着行之有效的学习方法,不可不慎。

加州理工学院数学物理系大楼的教室
世界知名大学仍坚持用板书教学,6 块黑板全写得满满的

诚信造就优秀

诚信不仅仅是一种美德，更是人生出彩的根基，也是完整人格不可或缺的因素。

没有信任，缺乏诚信，规章制度再好，法律条文再严格，结果也会事与愿违。诚信关系着教育改革的成败，影响着优秀人才的培养。下面以我个人的亲身经历，来谈谈在世界一流大学，信任和诚信在培养杰出人才上的重要性，供人们反思中国当今的社会现实。

没有监考老师的"荣誉考试制度"

美国有少数几所名牌大学实行"荣誉考试制度"，斯坦福是其中之一。这种制度规定，不用老师监考，完全信任学生。考试的时候，老师把考卷发完就离开考场。办公室远的老师，搬个凳子坐在考场门外，学生有问题就出来问。办公室近的老师，就回到自己的办公室，学生有不清楚的地方就去办公室找老师。

学生可以带任何自己的东西到考场，包括作业本、教材、词典等，没有任何限制，而且你爱放哪儿就放哪儿，搁在自己的考卷旁边也行。考试中间，学生想上厕所或到室外透透风，不需要向任何人请示。做完考卷后，把它放在桌子上就可离开，结束时老师就会来收卷子。

很多人会想，这不是乱套了吗？其实，这种做法在诚信较好的社会里，比有监考老师、有摄像头监视还可怕，给人的压力还大，让你觉得周围的考生都是"监考官"，任何不轨的行为都会招来鄙视的眼光。

"荣誉考试制度"就是充分信任学生，认为每个学生都是诚实和优秀的。那么，每个学生也要用行动来维护自己的尊严和名誉。我在斯坦福读博士期间，经历了很多闭卷考试，没有遇见作弊的事，也没有听说有人作弊被学校通报处罚的新闻。

同一张考卷连考五天，没人会泄露考题

我在斯坦福读书期间，要读三年的日语，所以参加闭卷考试最多的就是日语课，每星期一小考，三个星期一中考，期末还有一个大考。日语课是本科生和研究生合起来上的，我的同学大部分都是20岁左右的本科生，我这个有家有口过了30岁的博士生要跟本科生的小年轻一起学一起考试，压力非常大。学校对这种语言学习的班级有个人数规定，一个班不超过10个学生，多了就再开设一个班，所以同一门课要分成好几个小班。

期末考试一个年级就一张考卷，完全一样的试题，考试时间从星期一到星期五都有，每个学生根据自己的情况选择一天去考就行。那么，考试早的人是否会把题目泄露给那些还未参加考试的人呢？我就此问过一些同学，他们均用奇异的眼光打量着我说，从来没有出现过，因为大家想都不会这样想。就我来说，在斯坦福读书期间，就从来没遇见过有人泄露题目和打听题目的事。

考场答不完可以拿回家继续做

读博士期间，我上了一门法语阅读课，只有一个学期的课。期末考试的方式是：老师在一本法文书上选择3页法文原文，让学生借助词典把它翻译成英文。考试的日期是固定的，时间是两个小时。我原来没有法文底子，心里很紧张，担心做不完。没想到考试的时候，老师把题目一发，告诉大家今天做不完可以拿回家做，只要第二天上午10点之前交到他办公室就行。这样我才松了一口气，在考场上做了个把小时，就把考题拿回家，该吃午饭就吃午饭，该睡午觉就睡午觉，到了晚上再抽出时间来完成翻译，最后顺利过关了。

斯坦福不仅考试的场合很灵活，而且考试的时间也很有弹性。一般人会想，有些学生难道不会找别人帮忙吗？斯坦福的学生都"很傻很单纯"，谁也不会往这个方面想。大家平时都是老老实实学习，考试的时候也就实实在在地来证明自己。这种看似平淡的事情，却有非凡的效果，让每个人在轻松愉快的环境中把自己的能力发挥到极致。

考试场地和时间由学生自己选择

2010年，我在斯坦福访学期间，修读了数学系的一门"现代代数"，是本科生课程。这门课有一个期中考试，然而根本不占课堂时间。老师提前一个星期就在学校教学网站上把考题公布出来，学生可以自己任选一个地方，用两个小时把题目做好，到了规定的那一天，学生把答好的考卷交给老师就行。

这次访学期间，我还修读了计算机系开设的"信息论"。这门课没有闭卷考试，就是根据三次大作业评定成绩。学生交作业那天，教这门课的教授把所有题目的答案打印好，厚厚的一摞放在讲台上。当学生到齐后，他宣布：今天交作业的同学可以拿一份答案回去，而今天不能交作业的同学则下次再拿答案。

课间休息时，学生自行将作业放到讲台上，同时也拿份答案回去对照，学生完全凭自觉，老师根本就不在跟前，你若要对着答案来修改作业内容，没人管你，但没人这样做。

那些当天交不了作业的同学，就下个星期交作业时再拿答案。老师也不担心那些未完成作业的学生借同学那一份答案回去抄，学生也不会想这个点子。这是一种信任的契约，它是师生心目中最神圣的东西，谁也不会去违背。

教授为了给我写一封推荐信而通读了我一本书

我在访学期间，语言学系的保罗·柯帕斯基教授是我的指导老师。柯帕斯基是语言学系最资深的教授，是斯坦福大学的"学院教授"，比一般教授的级别高很多。其间我请他给我写一封推荐信，柯帕斯基就说为了把推荐信写得具体一些、准确一些，让我把自己的英文专著送他一本看一看。

柯帕斯基拿到我的书后，花了整整一周的时间细细阅读，然后写出一封3页纸长的推荐信。

美国教授是不随便给不了解的人写推荐信的，更不会为人情而写推荐信。他们爱学生是表现在认真负责和有一说一上，所以学生要想得到一封好的推荐信，就必须靠平时的努力来证明自己，这也是督促学生努力的一个方面。

博士论文无须外审，自己导师说了算

大学不仅信任学生，还信任老师。这突出表现在博士生论文的质量把关

上。按照斯坦福的规定，只要本校有三位教授认为论文合格（其中一位是自己的导师），就可以毕业拿到博士学位，无须请外边专家审阅。由于美国老师都很敬业，不会给自己的学生放水，所以导师同意了，其他两位老师一般也不会反对，论文就可以通过。

信任和诚信的氛围，对斯坦福始终保持世界一流大学的水准起到了非常重要的作用。

一句话说清楚博士论文

西方学者的思维严谨表现在论证遵循逻辑规则上，从论文到专著都要有一个中心议题。我在斯坦福的导师有个特殊的要求，由此可以看出他们培养博士生的匠心。

回想我的求学生涯，感到有机会到斯坦福读书是一种幸运，而有幸师从伊丽莎白·特劳戈特这样的国际知名学者则是更大的幸运。

凡是搞语言学的人，不论是国内还是国外，对伊丽莎白·特劳戈特教授都不会陌生。她发表过很多学术著作，其中的《语法化》一书风靡世界，也对汉语学界产生了深刻影响。特劳戈特教授还具有非凡的管理才能，她是美国人文与科学院的双院士，还担任过很多学术行政职务，诸如斯坦福语言学系主任和大学副教务长、美国语言学会会长和秘书长、国际历史语言学会会长、托福考试命题委员会主席等。她出生于英国，行事风格严谨，具有英国人逻辑思维缜密的特征。

我刚到斯坦福就听说，特劳戈特教授对学生要求严格是出了名的。虽然我对她的研究领域很感兴趣，但当时我是在东亚语言系就读，要跨系选她做导师心里还是没有数，不知道她会不会同意，更没有把握达到她的要求。

1997年春季那一学期，我选了特劳戈特教授的语法化课，最后的成绩是优秀。此外，我还上了语言学系另外一位知名教授的课，他把我的学期论文作为下一学年教学阅读资料。对于我来说，这是个很高的荣誉，特劳戈特教授也知道此事。因为有了这个基础，特劳戈特也就很乐意收我做她的学生。

当我第一次表达想选特劳戈特教授做导师时，她要我到她的办公室谈一谈，语重心长地告诫我："中国学者与西方学者写论文的方式差别非常大，如果你想写出可以在西方出版的博士论文，就必须摆脱以前的中文写作思维习惯，采用西方的写作方法。"

在博士论文选题之初，特劳戈特教授给我提出了一个十分苛刻的要求："用一句话把博士论文的核心内容和学术价值讲清楚，否则不能开题。"当时我一听就头都大了，心里想一篇博士论文怎么可能用一句话说清楚呢！这下可难坏了我，回去苦思冥想了好几个星期，尝试了五六次，特劳戈特教授都不满意，最后总算勉强过了这一关。这番挑战好处很大，它让随后的论文写作很顺利，效率也特别高。结果，我的博士论文在毕业后不到半年就成文送给西方出版社出版，不到两年就在荷兰的约翰·本杰明出版公司以英文出版，这是一家比较知名的专门出版语言学专著的出版社。

当时我不太明白特劳戈特教授这一要求的意图，后来回想起来，觉得这一要求有两个方面的好处。从学生这一方面看，一旦心中有了明确目标，可以在研究中少走弯路，写出的论文自然也就有了焦点。从导师这一方面看，可以由此判断学生是否把问题想清楚了，特别是可以知道学生选题的价值如何，把这一关把握好了，论文的质量才有保证。此外，导师也由此可以检验和锻炼学生用简练准确的语言表达自己思想的能力。

再看看国内的不少博士论文，很多是现象的罗列堆砌，各个章节互不搭界，在思维习惯上与欧美人格格不入，即使翻译成英文，也没有几个欧美学者能看得懂，更难引起西方学者的兴趣。

在斯坦福读书期间，让我受益最大的老师就是特劳戈特教授。除了上课，我还跟她修过三个学期的"独立学习课"，教学方式就是"一个学生一个老师"，选一种专著，每个星期见面一次，写读书报告，讨论自己的心得。

在斯坦福，博士论文开题之前，要通过四门综合考试，特劳戈特教授负责我的理论方法课考试，她先是给我列了一个阅读书目，学了几个月后，她出考题让我解答。这门考试的压力最大，但是收益也最大。我 2011 年回斯坦福时，特劳戈特教授已经退休好几年了，但是幸运的是，学校又把她请回来讲她最新的研究成果——"语法的结构化"，我系统旁听了这门课。她的这一研究成果最后在牛津大学出版社出版。

文理不分家

西方人认为,科学是一种思维方法,不论研究的对象是自然还是社会,凡是符合科学方法论的都是科学。所以,他们一般把人文科学、社会科学和自然科学放在一个学院里,目的是便于跨学科之间的合作。

最近,中国教育界开始探索不分文理科的改革措施,其实许多国家的教育就不分文理科。有关部门提出,将"探索全国统考减少科目、不分文理科、外语等科目社会化考试一年多考"。这将是中国教育界"牵一发而动全身"的改革,它的影响将是深刻的、全局性的。其实,美国的中学和大学一年级就不分文理科。在这种教育体系中,学生有相当大的自主选择空间,每个人的天分和禀赋由此得以充分施展。

不同的国家采用不同的教育体系,美国的教育体制无疑是成功的,这一点可以从教育的产出——人才培养来看。根据上海交通大学发布的"2016年世界大学学术排名",世界上前20名的优秀大学,美国占了80%。此外,美国还是世界上诺贝尔奖和菲尔兹奖获得者最多的国家。美国取得的这些教育成就,与其不分文理科的体制不无关系。

我在中国读完了本科和硕士研究生,并在华中科技大学工作过三年,最近十年到过国内的 60 余所大学讲学授课。我本人是文科出身，然而从大学起就开始系统学习自然科学课程，在国内读研究生时正式修读了数学，后又在斯坦福旁听了数学、统计学、物理学、计算机、心理学等领域的课程。此外，在我长期的研究工作中，有意识地运用理工科的知识来探讨人文学科，并有多部论著发表。

下面将以自己切身的感受和亲自观察为依据，谈谈为何不分文理科会对美国教育有如此大的作用。

中学教育和大学"考试"不分文理科

应试教育是当今中国教育的主要特征，高考就像一根指挥棒，中小学的教学方式就是绕着高考转。取消文理分科第一个受冲击就是中学教育。

美国没有高考，只有测试学生一般能力的 SAT 考试。这种考试只考查学生三个方面的能力——语言能力、数学能力和逻辑推理能力。

"语言能力"主要考查学生的分析阅读和写作能力；"数学能力"是测试基本的数量概念、运算能力和利用数量的观察分析能力；"逻辑推理能力"则是测试利用逻辑规则，从复杂的现象中得出结论的能力。这也反映了美国的教育理念，就是认为这三种能力是学好其他一切科目的基本能力。这次我国提出将来也要减少考试科目，将来要考的科目应该也是与考核这三种能力有关的。

然而，美国大学只把这种考试的成绩作为录取参考，一般没有硬性的分数线，录取分数的跨度很大，便于学校从多方面选拔人才。而且如何看待 SAT 考试成绩，完全由大学自己决定，甚至有一部分大学根本不考虑这个考试的成绩。

在美国，学生在中学时期的成绩特别重要。大学录取一般看最后几年的学习表现，他们重视的是学生学过什么科目，在学校里的相对排名。当然，这就要求学校和老师在评估学生时必须客观公正，老师、学生和学生家长都要尊重规章制度。在这个过程中，各方面都讲诚信就显得特别重要。

美国大学招生还考虑一个重要的指标，那就是学生的社会实践，所以很多美国中学生要利用假期积极参加各种社会活动。我在斯坦福教过一位来自洛杉矶的华裔学生，她说为了来斯坦福读书，假期就到社区医院做义工。至于学生社会实践的评估标准，主要是所从事的工作的社会价值大小、挑战性高低及有关管理人员的评语。

如果将来中国的大学也把社会活动作为一项录取指标，将会极大鼓励中学生走出校园，了解社会，培养自己的动手能力。

美国好一点的大学大多还要求申请者写一份读大学的"个人陈述"，陈述自己读大学的理由，学校从中判断申请者的素养和学习动机。除此之外，美国知名的大学还要对考生单独进行面试，考查学生的综合素质，诸如学习激情、做事毅力、逻辑思维等，因为这些素质对学习的成功很重要，然而却无法从考试中考查出来。

大学考试不分文理科，这为学生的学习提供了更多的选择。不分文理科并不是让学生"眉毛胡子一把抓"，要求学生什么科目都得学一点。撒胡椒面式的学习反而会增加中学生的学习负担，而且也难以取得好的学习效果。

就中学教育来说，美国也分公立和私立两类学校，不同学校课程设置和教学内容差别很大，但都是不分文理科。高中阶段的课程一般分为这几大板块：英语、数学、外语、历史、社会科学、科学、体育、艺术等，此外还有生活技能课。每一门类都规定有必修的和选修的课程，学生可以根据自己的爱好和特长自行选择。比如一个高中生可以主修"化学、地理、生物和文学"，另一个高中生则可以选择"数学、物理、经济和历史"等。而不像文理分科那样，一旦选了理科，就只能专攻理科；一旦选了文科，就只能专攻文科。也就是说，学生可以根据自己的爱好和特长更加自由地学习，可以有多种课程组合。

实际上，美国大学招收一个学生要考虑的因素远比中国大学多。中国大学其实就是一个高考分数，美国大学则要考虑考生的语言、数学和逻辑能力、平时成绩、社会实践、学习动机和热情等。选拔的标准多，就有利于选出那些真正具有发展前途的优秀学生。

一年级不分专业，四年大学下来谁跟谁学的课程都不一样

在美国大学，不分文理科制度下招来的新生，刚进大学的时候自然也是不分专业的。这种制度的优点就是给学生充分的自主权，让他们尝试尽量多的学科，用以发现自己的兴趣和特长在哪儿，了解自己最擅长什么学科。因为高中毕业生一般在18岁左右，很多人并不清楚自己的兴趣究竟在哪儿，特别是大学开设的很多科目是中学没有的，这样他们可以在大学第一年发现哪些科目最适合自己。

只有在这种制度下，学生才有可能把大学学习看成一个探险的旅程，这是美国高等教育的理念。耶鲁大学校长理查德·莱文在2010年8月的开学典礼上讲道："耶鲁大学有2000多门课供你选择，但是你不得不错过98％的课程。但是我要督促你们多尝试不同的课程。每一个学科代表着人类不同的经验，任何一个学科都能够给你提供不同的窗口，去领略自然界和社会的文化积累，让你能够从不同角度看世界。如果让我给你们一个忠告选课的话，兴趣尽量广泛，尽可能多涉猎各种学科。不要老抱着这样的信念，你来大学之前选定的学科是最适合你的。选一些完全超越你以前知识经验的课，这样不仅可以扩大你的知识面，还可以发现你意想不到的巨大潜力，这甚至可以改变你的人生。"

要鼓励学生"探险"，就必须有一个"安全保障"制度。这个制度就是

考试方式必须多样化，要富有弹性，对于同样一门课，不同的学生可以选择不同的考试方式。就拿斯坦福的考试制度来看，每个学生一个学期有最高学分限制，比如12个学分，只能选择3门4个学分的课，如果想多学一门，就可以用2个学分来修本来4个学分的课。此外还有等级计分制和"满意或不满意"或者"通过或不通过"等考试制度供学生自由选择。同一门课，选择的评分制度不同，学习要求也不一样，比如一个学生选择了"通过或不通过"，只来听课就行了，不用参加闭卷考试，也不必交学期报告。假如一个学生对量子力学好奇，但是没有把握取得好成绩，就可以采取这种评分制度来选修，如果发现自己很喜欢这个学科，就可以进一步修读相关的课程，最后也说不定能成为量子力学方面的科学家。富有弹性的考试制度非常有利于人才培养。

在美国的高等教育体制中，各个系科都要给大学低年级开设入门课，介绍本学科的基本概念、主要特征等。一方面让学生了解本学科的性质，另一方面也是为了吸引学生日后选择自己的学科作为"主修"课。

此外，每一个系科都对本专业的"主修"和"辅修"做出明确规定，规定必须修完若干门的必修课和选修课。一般这些硬性规定的课程都很有限，为的是让学生有更多空间选修其他系科的课。

学生到了二年级后再开始决定自己的专业，尔后就会集中完成所主修或者辅修的专业必修课。为了拓展学生的知识面，很多系科都要求本专业的学生必须选修其他专业的若干门课程。

这种教育制度充分体现了大学的个性化教育。系科之间没有壁垒，学生可以根据自己的爱好设计自己，结果四年大学下来，谁跟谁学的课程都不一样，学生的知识结构和能力也多种多样。

让我们以当今世界的两位名人为例来说明"取消文理分科"的意义——一位是科技发明大师乔布斯，一位是科学思想大师——爱德华·威滕。

文理合璧是乔布斯企业人生的最大特点

科技是工具，人文是目的。只有为人文服务的科技才能真正改变世界。这是一条被乔布斯的人生所证实的真理。

那种很早就偏科，自小只对理工科感兴趣，不涉猎文科，甚至瞧不起文科的理工科生是成不了乔布斯的。

乔布斯小的时候，一直觉得自己是一个适合人文学科的人，同时他也很喜欢电子学知识。宝丽来的创始人兰德是乔布斯青少年时期的偶像，兰德强调一个人既要擅长人文学科，又要能驾驭科学，只有这种人才能做出重大成就。

乔布斯认为他最大特点之一就是文理合璧。历史上的伟大发明家、科学家都有这个特点，比如富兰克林、爱因斯坦、达·芬奇都是将人文和科学的天赋相结合而产生了巨大的创造力。这种模式的创造力是 21 世纪创新型经济发展的关键因素。

今天人们都在谈创新，也都在尝试创新，然而创新并不仅仅是有了决心就行了。乔布斯的成功经验很值得人们学习借鉴，他曾这样表述过：苹果之所以能与人们产生共鸣，是因为我们创新中深藏着一种人文精神。我们认为伟大的艺术家和伟大的工程师是相似的，他们都有自我表达的欲望。事实上最早做麦金塔电脑（Mac）的最优秀的人里，有些人同时也是诗人和音乐家。

一次乔布斯与斯卡利在纽约的中心公园散步，斯卡利说如果他不从事商业将是一名画家，乔布斯则称自己如果改行将去当诗人。乔布斯的确很有诗人的气质，他把自己看作艺术家，这就不难理解为什么他的产品设计中充满了艺术家一般的想象力。

"科技"与"人文"

乔布斯用一张幻灯片展示了两条街道的交汇口,那里竖着一个标志着"科技"与"人文"的路牌,说明苹果公司能够走到今天就是靠"这两条腿走路"

当今世界影响力最大的理论物理学家是文科出身

现在谈谈另一个文理结合的典型,那就是科学思想大师爱德华·威滕。2010 年 12 月,我参加了斯坦福大学物理学系举办的一次学术会议。第一个演讲者可了不得,他来自爱因斯坦的原工作单位普林斯顿高等研究院,被认为是当今爱因斯坦学术第一传人——爱德华·威滕。

他是当今最知名的理论物理学家,在国际上学术影响力很大,h 指数(高引用次数指数)为 152,为物理学领域之最,并于 1990 年获得数学界的最高奖——菲尔兹奖。

在专业背景上,威滕可以说是一个传奇人物:他本科在布兰迪斯大学读语言学和历史学,后在威斯康星大学读了一年的经济学研究生,最后又来到普林斯顿大学学习应用数学。他的主要研究领域是理论物理,然而却获得了数学界的最高奖。

威滕这种人才的出现,得益于美国文理不分科的教育体系。在中学的时候，他学习了理工科课程，到了大学，虽然主修文科，但仍然学习了一定数量的自然科学课程，这为他后来转向自然科学研究做了准备。

威滕的成功，亦和美国大学招收研究生的标准密切相关，由于欢迎不同专业背景的人来学习自己的专业，所以大学主修文科的威滕才有机会读经济学、数学专业的研究生。

学科交叉、知识碰撞是创造力的源泉，威滕的学术人生就是最好的说明。中国教育界，文理早早分科，很多是高中一年级就开始了，到了大学后，学科之间壁垒森严，学生知识单一，这都是制约创造型人才产生的因素。

最后，我也想说明一点，因为国情不一样，中国没有必要去山寨美国教育，可以根据自己的文化传统、社会现实、大众素质特别是科学技术发展的新特点来设计自己的高考模式和人才选拔机制。

总之，取消文理分科将会深刻影响中等教育和高等教育，有利于提高国民文化素质和增强大众的创造力。

从抽象中发现美

世界名校的学生喜欢玩抽象,他们能够从抽象的事物现象中发现美。世界名校的老师也很少寓教于乐,他们更热衷于科学思想的抽象审美。

孔子幼时就显示出超人的智慧,预示着他日后将成为伦理道德的宗师、文化巨匠。即使在今天,他的一些伦理道德准则,也具有普世的价值。那么,孔子小时候到底显示出哪些与众不同的地方呢?

《史记·孔子世家》记载:"孔子为儿嬉戏,常陈俎豆,设礼容。"一般小孩常玩的游戏是什么?过家家,捏泥人,玩小动物。孔子感兴趣的则是祭祀时的器皿摆设和礼仪,这个程序复杂,有很多规矩,一般小孩搞不懂,因而也不会感兴趣。

孔子的智力类型,或者说智商,跟常人不一样。《史记·孔子世家》中一段记载更能充分说明:"孔子晚而喜易,序彖、系、象、说卦、文言。读易,韦编三绝。曰:'假我数年,若是,我于易则彬彬矣。'"

《周易》是一本什么样的书?这是古代典籍中一本最抽象、最难懂的"天书"。先用阳爻(—)和阴爻(– –)表示阴阳,将上述阴阳爻按照由下往上重叠三次,就形成了八卦,再将八卦两两重叠,就可以得到六个位次的易卦，共有六十四卦。古人用它来预测未来、决策国家大事、反映当前现象，上测天，下测地，中测人事。其中的阳爻和阴爻跟现在计算机的二进位制语言原理有相似之处。且不要拿今天的科学来评判它，就抽象性、系统性、严谨性及用途来说，《周易》相当于现在的数学、物理学、天文学、气象学。搁现在，不算那些靠它们吃饭的专家学者，有多少人会自觉对数学、物理学这些学科感兴趣？可是，孔子喜欢到什么程度，不光是手不释卷，而且下手很狠，以至于把穿竹简的牛皮绳子都磨断了三次。更令人敬佩的是，孔子不光是看，而且看进去了，还把自己的感受用"序"表达出来，为《周易》作注解。孔子的智慧跟常人不一样，他爱书的程度也跟常人不一样，他这个圣人，一半是天生智慧，一半是后天努力。

从对待书的态度上，可以看出有种人不会有大作为，就是用书来做装饰，就像红木家具一样。一是买回一本新书，给它漂漂亮亮包上个书皮，爱惜如命，轻拿轻放，担心弄脏了，生怕弄破了。平时放在书架上瞻仰，装点门面，昂贵的红木书架总不能空空的，书也是漂亮家具的有机组成部分，用于摆设。斯文一点儿，还加上一个"某某藏"的图章。一年两年都不摸，别人借去一天就寝食不安。这些人爱的不是书，而是书给它带来的面子。

我经常提醒学生，书是你的，不就那几十块钱吗？在上面写呀，画呀，精彩的段落赶快划出来，有什么感想赶快写上去。不读不学才是最大的浪费。

读书的时候，别忘了准备好一支笔。阅读的时候，有很多感想、很多启发、很多问题，如果当时不记下来，往往过后很快就忘了。读书不做笔记，不仅成效低，而且是一种智慧浪费。

我教了十年的本科生的课程，总是担心：专业知识，讲深了怕学生听不懂，讲多了怕学生接受不了。在大学里，专业课可就成了娱乐课，课程的好坏，比的不是老师的学识，而是老师的才艺。哪个老师能够逗学生乐，哪个老师就能得到学生的好评。如果一个老师只讲专业知识，让学生觉得枯燥无趣，那可够这个老师喝一壶的了。因为每到期末学生都要给老师打分，老师的年终奖、调工资、职称晋升，就看学生的打分。这也与管理者的水平有关。学生们都有一个逻辑，自己听不懂，一定是老师没讲好。这样给我最大的压力是，如何能把学生逗乐。上课之前要讲一些幽默笑话，让学生提起精神；上课中间要不时抖些笑料，怕学生走神打瞌睡；结束时还得再给学生些提神的东西，因为怕他们记不住。当大学老师真不容易，既要做学者，又要具备相声、小品演员的才华！

斯坦福的学习氛围则截然不同。2010年，我在斯坦福旁听了语言学系、心理学系、哲学系、数学系、统计学系、工程信息系乃至经管学院的课，很多内容我也听不大懂，就是抱着一个想法，看这些系科的老师是如何上课的，学生又是如何反应的。美国人的幽默感是世界著名的，看看他们的喜剧电影就知道了，几乎占领了世界喜剧电影的市场，日本人则是占领了严肃电影的市场。我想，这些系科的教授大都是国际知名学者，都是各自领域最有智慧的人，来之前就有一个想法，要向他们学一些教学技巧，如何把课上得有趣，回去给学生开些"洋荤"。

结果完全出乎我的意料。

首先，没有一个老师在课堂上讲笑话，也没有一个老师在课堂上讲时下的趣闻轶事。特别是数学课，从头至尾，都是概念、公式、推导，这么抽象的学科，连一个比喻都没有。我上了一门"信息论"，听了两三周以后才慢慢听出些门道，渐入佳境，而且老师也没有任何取悦学生的举措。

其次，他们做课件都非常下功夫。其内容编排设计，是我教育生涯中见到的水平最高的。但是有一点，他们从来不用任何背景图案，没有花呀草呀这些东西来装点，全是白底子。这种不把任何花哨而与课堂内容无关的东西带入课堂，是一种求真的文化精神。

我听过不少国内的讲座，内容好坏不论，起码在课件背景图案上特别讲究，花样翻新，很有创意。这是一个非常小的对比，可能折射出东西方学者的差别：一个追求实质，一个讲究门面。

斯坦福的各种系科的课堂上，老师专注地讲授自己的知识，学生静静地听，只是偶尔有学生什么地方听不懂问一下老师。我特别注意观察学生的状况，我上了这么多课，没见一个学生是打瞌睡的、开小差的、窃窃私语的。

我在斯坦福听过各种各样的讲座，包括数学、物理学、统计学、生物学和计算机科学等，这些学科都抽象难懂。但是，几乎没有一个老师是用比喻的。教学中，用比喻是一把双刃剑，一方面用比喻生动有趣，容易引起学生的兴趣；另一方面，用比喻做不到严谨，容易导致歧解，误导学生。任何学科，不论是理工的，还是人文的，都是一个理论系统，有一套基本的概念，有很多规则，靠逻辑规则建立起来。学术和娱乐本来就是两个行当，把大学作为一个娱乐场所，教与学上难免会出问题。

娱乐和教育本来是两码事。一个娱乐圈子的人，一旦涉足学术，就不好笑了；一个学术圈子的人，一旦跨入娱乐界，就不严谨了。

相声大师侯宝林，大家都熟悉，他有很多经典段子，如《夜行记》《醉酒》。但是，这些都是在他年轻的时候说的。后来有一件事情改变了他的命运，那就是20世纪80年代初，北京大学中文系聘请侯宝林为教授，从此以后，侯老先生变得有点不苟言笑了。大家不要误解，这是侯先生装腔作势、有意摆教授的谱。实际情况很可能是，因为侯先生要给大学生上课，要讲相声的历史沿革、写作原理、演说技巧，因为太投入了，让这些不好笑的东西占满了大脑，好笑的也就说不出来了。

当时就流传这么一句话：北大多了一位教授，全国人民少了一位笑星。

然而，话又说回来，如果一个国家的民众只能欣赏这类娱乐，也说明一个问题：大众的抽象思维能力、科学分析水准比较低。我这话说得直了一点儿，希望任何人不要对号入座，不要激动，去冷静思考一下，看我说的话有没有道理。

讲一件事情，看我们大众的思维与美国普通人之间有没有什么区别，且不论高低吧。《历史上最伟大的100个发明》是将美国广播里的故事节目整理而成的一本书。播送这些故事的时候，就像刘兰芳的评书《说岳全传》一样，让很多美国的大众如醉如痴，这个讲故事者有400万的粉丝。书里讲的都是这些发明的过程和原理。我们每个人都应该去想一下，如果在中国有人去讲这些故事，会有多少人去听。咱们中国有没有这么一位作家，既写小说又写科普？有没有这样的故事员，既能讲《三国演义》，又能聊数学演绎？迄今为止，我没有听说国内有这种"兼才"人物。

孔子的说话方式明显有别于孟子，为什么？其中一个原因是，他们面对的听众的素质大不一样。孔子面对的都是些才华横溢的学生，所以他的话通常都是直奔主题，点到为止，很抽象很深刻，很少用比喻，更不用什么寓言故事。像子贡、子夏、曾子这帮学生就是当时名牌大学的高材生，聪慧过人，老师一点就通。然而孟子面对的是国君大臣，这帮人的地位都是世袭来的，即使有几个智商高一点儿，也因为贪图安逸不愿意动脑子，不想看书学习，所以孟子谈话就特费劲儿，打很多比喻，讲很多有趣的故事，苦口婆心，摆事实讲道理。即使这样，那帮国君大臣也不一定能完全领会孟子的精神。

一个六七岁的小孩，喜欢玩积木，捏泥人，画动物，是一种特长；但是只喜欢这些，对抽象的东西不感兴趣，那么大人就不要期望太高了，将来做一个熟练的技术工人没有问题，成为学术文化大师的可能性不说完全没有，起码微乎其微。如果一个十几岁的小孩还是沉浸在这些形象的娱乐中，大人就要警觉了。

"寓教于乐"是不是一条普遍的教育规律？不一定。从幼儿园到初中，讲究这个没错，因为与小孩的智力特点相符。到了大学以后再谈这个，师生的智商轻则受到压制，重则受到伤害。我读了耶鲁大学、普林斯顿大学等学校的大学校长对学生的开学讲话，一个忠告就是"做好思想准备，过几年苦行僧的生活，多尝试那些看上去枯燥乏味的学科"。2010年我在斯坦福访学期间，旁听了多个系科的课程，没有发现一门课是采用"寓教于乐"的教学方式的。如果一个学生发现不了某一学科本身的乐趣，说明你选错了课；如果发现所有大学开设的课程都没有意思，说明你就不该来上大学。

斯坦福大学工程学院大厅的橱窗里，摆着两本打开的电子工程的专著，全是抽象的符号图表。那就是在告诉每一个新来的学生：如果你能欣赏我的美，那就爱上我吧；如果不能，请你离开吧。

斯坦福大学工程学院大楼的大厅橱窗

斯坦福大学工程学院大楼的大厅橱窗里展示着该院教授所写的书，这可不是秀图书封面装帧多么豪华漂亮，而是展开含有数据图标的一页让学生观看，让他们发现其中的规律之美

丰富多彩的考试方式

上同一门课的学生可以选择不同的考试方式，这应该是教育理念的另类，它鼓励各种背景的学生走到一起，相互切磋，激发灵感，撞出火花。

"有容乃大"，这句话很有道理。然而要真正做到这一点可不那么容易，首先要搞清楚对于一所大学来讲，什么应该最大限度的"容"，什么应该"零容忍"。

在学习和学术研究的诚信问题上，一个大学必须是零容忍，否则，如此下去就不是"乃大"，而是自我毁灭。本书"诚信造就优秀"一文中介绍过，斯坦福大学实行的是"荣誉考试制度"，考场不监考，很多考试就是家庭作业形式。但是，一旦发现有人作弊，不论大小，一律处以"极刑"——取消学业资格。

诚信是学术的保障，欺诈则是学术的天敌。一个大学不处理作弊、造假现象，就像一个人的身体有癌细胞一样，如不及时切除就会迅速扩散，后果不堪设想。

"自由之风永远吹拂"，是斯坦福大学的校训，也是西方教育成功的秘诀。"自由"和"真理"之间存在着内在的逻辑关系：一方面，只有思想不受任何约束，自由放飞，才能成功地找到真理；另一方面，人们掌握了自然界和人类社会的规律，更加能够发挥人们的主观能动性，驾驭自然，控制环境。所以在西方大学的教育理念中，特别强调这两点。哈佛大学的校训就是"真理"，加州理工学院的校训则是"真理使人自由"。这里讲的"自由"不仅仅指人的权利，更是一种思维方式。

宽容与自由也是相辅相成的，一个社会没有对个人的包容，也就会不自觉限制个人的自由。拿一件华人会认为很出格的事情来说吧。根据《乔布斯传》，乔布斯二十几岁就成为企业界的名人，1980年被邀请到斯坦福与本科生座谈，他面对着那么多年轻学子，竟问了这两个问题："你们现在谁还是处女处男？你们有谁吸过致幻剂吗？"弄得同学们都非常尴尬。第一个问题嘛，还好，但第二个问题是很敏感的法律问题。当乔布斯问第二个问题的时候，在场的学生竟有两个举起了手，承认自己曾经吸过毒。乔布斯面对年轻的学子竟然提这样的问题，确实很离谱很出格，所以《乔布斯传》的作者艾萨克森才专门把乔布斯这次的照片选在书里，突出乔布斯的叛逆精神。

再来看看学校对同性恋的容忍度。斯坦福的标志性建筑之一是在主大院的一侧，有两对同性恋雕塑，一对是两个男性，一对是两个女性，表现的是亲昵爱抚的动作。这在一般人看来，会想这是不是大学在鼓励年轻学生搞同性恋？会不会引起学生家长对孩子的担忧？甚至引起人们对斯坦福不好的看法？其实，斯坦福是向大家表明一种态度，意思是说这个学校具有极大的包容性，任何个人的选择都会得到尊重。斯坦福还有同性恋俱乐部，同性恋者可以在这里找到知音。

对于学生来说，最大的自由就是有关学习上的事了。中国大学为学生的学习制订了很多惩罚制度，比如在中国大学，如果一个学生旷课迟到，就会受到处罚，甚至会影响到最后的成绩。所以很多课程都有点名册，学生要签到，根据出勤率来计算学生的平时成绩。学生不来上课要请假，如果有病不能上课,还要医生出示证明。这些规定斯坦福都没有。

斯坦福主大院一侧的同性恋者雕塑

大学也许不是在鼓励什么,而是告诉人们,你的个人选择在这里会得到充分尊重。只有宽容的校园环境,才能让每个人的才华发挥到极致

斯坦福没有上课点名的制度,也不允许根据学生的出勤情况实行奖罚。2010年访学期间,我在斯坦福听了多个系科的课,时而有学生晚到或者早退,推门进出都有响动,老师连头都不抬,根本不会过问是哪个学生晚来了,哪个学生早退了,也从来没见哪个老师为此批评学生或给学生脸色。师生之间没有这种不愉快,也自然提高了大家的幸福指数,增加了师生之间的和谐。当然,话又说回来,学生选课都是出于自己的兴趣,而且每一门课都是自己拿钱买来的,修多少学分是与学费挂钩的,如此谁还会把上课当儿戏?一个学生不好好学习,等于浪费自己的钱财。这大概就是大学"宏观管理"学生的方式吧。

学生一旦进入斯坦福,几乎没有专业的限制和系科的约束,学校里的教学资源都可以享用。学生可以跨系科选课,跨系科选导师,自己对什么感兴趣,就可以学什么。

攸关学生自由的还有一件重大事情，那就是选什么课，怎么选课。这一点对一所大学的教学成效和人才培养至关重要。斯坦福的教学系统给学生提供了高度的自由和自主权，这一点很值得国内的大学借鉴。

首先，一门课的学分数不规定死，可以上下浮动。比如规定一门课本来是4个学分，但是学生可以根据自己的情况，可以用2个学分来修这门课。因为大学是按照学分收学费的，一个学生如果有经济困难，可以用"2"个学分来修一门"4"个学分的课程，这样就只用交一半的学费就行了。这种课程学分浮动制度可以鼓励好学的学生，如果一个学生精力旺盛，求知欲强，可以在不增加经济负担的情况下多修几门课。

同样一门课还可以选择不同的评分制度。比如一门课本来是字母等级制，即最后的成绩是评出A、B、C等不同的等级，但是学生也可以根据自己的学习负荷，选择"满意/不满意"或"通过/不通过"来选修。选择的评分类型不同，完成这门课的要求也不一样，比如，选择字母等级制就要考试，而选择"满意/不满意"评分制一般不需要考试，通常只来听课就行了。这种富有弹性的评分制度，可以鼓励学生选择最富有挑战性的课程，因为他们不用担心自己在这个领域的知识准备欠缺而最后无法通过考试。

这种富有弹性的学习制度很有利于人才培养。菲尔兹奖获得者丘成桐2011年到斯坦福讲课时，提到他在加利福尼亚大学伯克利分校读博士的选课经历，说他当时选修了一门物理学，感到非常痛苦，开始时他连一个概念都听不懂，但是一学期下来终于弄明白了一些概念。他就是根据这个概念做出了重大的数学发现，由此获得了这个数学界的最高奖。试想一下，如果没有这种具有巨大自由的评分制度，丘成桐敢去选一门自己完全没有把握的课吗？否则，假如最后考试失败了，他连拿博士学位都会成问题。

在选课上，我有切身的体验，深知死板的评分制度是如何压制学生的学习积极性的。自从读大学开始，我就对数学非常感兴趣，看过各种各样的书籍，但是从来不敢想去选修一门数学课，因为害怕做练习题，担心最后的闭卷考试通不过。我在华中理工大学读书时选了一门代数拓扑学，要跟数学系的研究生一起参加闭卷考试。对于我来说，不仅公式定理难懂，就是记住简单的数学符号也是挑战。记得那是 1987 年 7 月，武汉已经进入炎热的夏天，为了准备期末的考试，我一个人在校园的树林里找了一个阴凉的地方，花了两周的时间把 100 多条公式定理都记住，能懂的就弄懂，不懂的就死记硬背。这门课最后考了 78 分，算是中等成绩。但是就是这门课对我后来的学术研究产生了深刻的影响，使我的思想有了根本的改变。我现在想，假如那时学校能采用弹性的评分制度，我就可以选修多种数学课，收获肯定更大。我算是胆子比较大的，一个文科生敢修数学系的课，事实上不知有多少文科生因为害怕考试而不敢修自己感兴趣的自然科学课程。

斯坦福还有很多非常人性化的规定，比如学生们可以在学期中间变更自己的评分选择。如果出于某种原因，一个学生无法满足老师的正常要求，就可以把评分类别从字母等级制变成"通过/不通过"，如此不用担心这门课考试不理想了。到了期末的最后一周，学生还有机会选择"放弃这门课"，这样在你的成绩单上就不会留下任何"不及格"记录。出于某种特殊的无法预测的原因，有些学生可能完全无法满足这门课的要求，那么自动放弃就是最好的选择。所以在斯坦福的成绩单上，没有人会出现坏成绩的记录。

这种中途变更评分方式的制度，还可以避免很多师生之间不愉快的事情发生。比如说，一个学生选择了某门课，但是他发现很不喜欢老师的授课方式，或者发现授课老师对他不友好，就可以随时扬长而去，避免一头撞在南墙上的悲剧发生。然而，我在新加坡大学上课就遇到了因为选课限制太死板而产生的不愉快。这里规定是前两周学生就得把课定下来，此后不能再做任何变更。2011 年我上了一门课，课上批评学生缺乏创造力，其实我的用意是想让他们认识到自己的不足，努力学习。但是没想到学生如此脆弱，认为我伤了他们的自尊心，甚至侮辱了他们。平时也没有人跟我争论，指出我讲得不对，但在期末给老师评分时，集体商议给我这门课打了最低分，成了一个教学事故。学生憋了一个学期，就是为了"报复"一下老师。但是，这样做多影响情绪呀，更重要的是也浪费了他们的时间和精力。假如有斯坦福那样的弹性制度，他们中途放弃离开就行了，虽然说不上皆大欢喜，但是可以避免这种怪异的事情发生。

斯坦福给学生的自由，出乎人们的想象。我博士毕业答辩前，拿到一个表格要填，其中一条说明，博士生可以在答辩两周之前更换导师或答辩委员会任何一名成员，一个博士生只要找到至少3名大学的教授认为你的论文达到了博士水准就可以顺利毕业。千万不要小看这一条，因为它不仅保证了博士生的科学求真精神，还照顾到了学生的前途。在科学探索中，导师和博士生之间的意见分歧是难免的，因为不同的人对同一问题理解的角度不一样，看法自然不会相同。如果一个导师不同意博士生的分析，非得让学生按照自己的意见修改，然而学生相信自己是正确的，又不愿意放弃自己的立场，怎么办？这时候就会导致严重的冲突，甚至悲剧。有时候导师也不见得一定认为自己是正确的，就是碍于面子，非让学生按照自己的意见去修改不可，否则不给学生签名通过，让学生拿不到学位。斯坦福的这种制度就可以避免导师因偏见而"枪毙"博士生的悲剧发生。

中国大学实行导师负责制，导师不签名，学生就不能毕业，就拿不到学位。我在武汉工作时就有一位同事在这上面出了问题，最后影响了他一生。一位老师在20世纪80年代初考取了研究生，那时候的硕士生比现在的博士生还要稀罕得多。答辩的时候，导师让他改论文的一个地方，他就是坚持自己正确，拒绝修改，最后没有拿到硕士学位。工作时期，他因为没有学位，职称一直上不去，一直闷闷不乐，五十多岁的时候患癌症去世了。

总之，一流大学总是给予学生最大的自由度，赋予学生最大的自主权，避免师生之间的矛盾甚至悲剧，让每一个人的才华都得到充分的展现。

教学用具中的创意

教育是传承知识，更是发明创造。教学用具本身就是好教材，是因循守旧，还是富有创意，会对年轻学子产生潜移默化的影响。

世界一流大学的教学用具不见得有多名贵，然而他们的设计很独特、很有创意，也体现出他们的教育理念。

先看桌椅摆放的方式。从小学到大学，中国学校桌椅的摆放就是一种形式，面对黑板，呈直线平行排列。大家觉得，教室不这样布置还能怎样？这种摆放的背后就是一种教学理念：老师是站在讲台上教知识的，学生是坐在座位上学知识的，两者的角色不能互换。美国中小学的教室大多也是如此，因为这个阶段的学生还是以听老师讲课为主。然而到了大学，很多教室的桌子、椅子都摆成环形或方形。他们的桌子和椅子很少是固定的，根据课程内容可以自由组合，也可以摆成一个大圈，也可以三三两两的同学围成一个小圈，自由地讨论。

美国大学教室的这种摆设桌椅的方式，反映的是它们的一种教学理念，教学不是填鸭式的，老师注重引导学生积极思考，鼓励学生参与讨论，不少时候是学生在发言。而传统的教室布置，很多同学把自己藏在人群之中，一个学期不说一句话，不提一个问题，师生之间没有交流。而且，这种环形的桌椅排列法，每个人都是坐在"第一排"，每个人都直接面对老师，老师可以及时观察到每个人的反应。这种坐法能创造一种气氛，让每个人都感到有压力，都觉得自己有责任参与讨论，可以激发大家的讨论热情。

一位国内大学的领导到国外考察回来后，建议自己学校教室的桌子也按照环形摆放，可是发现教室里的桌子椅子都是固定在地上的，无法移动。环形的桌椅摆放方式可以帮助师生转换角色，因为学生一直习惯于"观众"的角色，会缺乏在课堂上"唱主角"的勇气。

西方大学在桌椅的设计上所体现出的人文关怀，令人惊叹。我在斯坦福访学期间旁听了一门数论课，教室是在统计系大楼里，里边的椅子都是可以搬动的，椅子的扶手上都安装了一块方木板，学生坐下后可以打开木板写字放书。我第一次上课时，随意选了个位置坐下来，觉得怎么这么别扭呢，发现写字板是安装在左边的扶手上。这时我突然悟出来了，这是学校专为那些"左撇子"设计的椅子，就赶紧换了一个座位。后来我注意到，斯坦福很多教室里都有一定比例的座位是专门为"左撇子"设计的。学校对学生需求考虑的周到程度，可见一斑！

美国人富有创造力，这也表现在很多教学用具的设计上。为了让老师写字方便，学生看黑板舒服，他们在改进教学用具上颇费心思。比如黑板的表面设计。我所去过的中国内地的一些大学，以及新加坡、中国香港的一些大学，毫无例外都是一个平板。然而斯坦福不少小教室的黑板则凹形的，整个黑板是个弧面，中间稍微薄一些，上边和下边稍微厚一些。这种设计不仅让老师写字方便，学生看着也舒服。老师都有这样的感受，在黑板上端和下端写字都很别扭，然而这种带弧度的黑板在一定程度上减低了这种别扭的程度。这种黑板也能让学生看黑板上的字时感觉舒服，学生坐在座位上看普通的平面黑板，上端的字和下端的字距离较远，字形大小也会改变，需要抬头或者低头看，带弧度的黑板在一定程度上解决了这个问题。

斯坦福大学专门为"左撇子"设计的椅子

斯坦福的教室里都准备着这种专门为"左撇子"设计的椅子,"左撇子"来这里读书也不会感到别扭,更不会被强迫"从众"而改变自己的写作习惯。大学管理者连学生这个写作"个性"都保护,个中的理念不同寻常

一个教室能有几块黑板?几乎所有人的第一反应都是:一个教室当然只有一块黑板!然而在斯坦福的讨论课上,一个教室竟有四块黑板,分布在四面墙,而且都还很大,每个同学站起来,伸手就可以在自己就近的黑板上写字。这种设计的背后包含一种了不起的教学理念。要知道很多学科的问题是无法单纯用口头表达清楚的,特别是自然科学中的公式定理,常常涉及很多专业符号,很难说清楚。如果教室里只有一块黑板,学生有问题说不清楚时就必须手写,这样就要从自己的座位站起来,旁边的同学也得站起来让路,再走到黑板前,那该多耽误时间呀!如果此时这唯一的一块黑板已经被老师写满了字,还得擦掉一些内容来腾出空间让这个同学来写字,如此多影响教学效果呀!更重要的是,因为到讲台上写字这么麻烦,会给有问题的同学造成很大的心理障碍,不想太麻烦别人,也不想耽误别人太多的时间,结果不少人会放弃提问题的机会,从而影响学习效果。然而,

斯坦福的这种教室设计，给每个有问题的同学提供了巨大的便利，激发了他们思考提问题的热情。

要改变填鸭式的传统教学模式，必须有相应的硬件来配合。希望以后中国的大学教室也能这样设计，在四周墙壁上都装上黑板，给那些大学高年级学生或研究生上课用，一定会取得意想不到的教学效果。这种设计的费用并不高，很多学校不是没这个钱，而是没这种意识。

中国现在经济发展了，各个大学都盖了不少现代化的教学楼，教室里现代化的设备一应俱全。然而就我所去的几十所大学来看，全部教室或报告厅还是只有一块黑板。很多人有一个错觉，似乎设备越先进，现代化的程度越高，越能体现大学的与时俱进。这是一种简单的思维，并没有考虑到教学的特殊需求，更没有吸取国外先进的教学理念。

事实上，并不是现代化设备越齐全，就越利于提高教学效果。像数学、物理等学科需要大量公式演算，单纯用课件教学效果肯定不佳，一张一张幻灯片如过眼云烟，最后学生什么也记不住，脑子还是空空如也。我在斯坦福听过数学系、统计学系共四门课，他们的老师没有一个用课件的，都是把讲课的内容烂熟于心，上课时把每一个公式定理和重要的表述都写在黑板上，学生们跟着记笔记。鉴于这些学科的特点，斯坦福的不少黑板是多层、多块的，特别是大型的阶梯教室都有特殊结构的黑板，最多的是由 8 块黑板组成，可以上下左右滑动。我计算过，像现代代数、数论这些课，一堂课 50 分钟下来通常都有十几黑板的板书。可见，教书不仅是脑力活儿，也是一种体力活儿呀！

让黑板"走出"教室，也是美国的大学一个值得注意的方面。一般人都会这样认为，黑板不装在教室还能装在什么地方？我去过中国的不少大学，不论是教授的办公室还是院系的办公室，很少有装黑板的。然而美国这方面的条件比较好，从刚分来的博士到教授，都有自己独立的办公室，而且每个老师的办公室一定有一块小黑板，供与学生或同事讨论问题时用。

教师的办公室是教室的延伸，他们有一种课叫"独立学习"，就是老师和学生一对一授课，这类课通常就是在教授的办公室进行。教授的办公室不仅是自己准备教学和做研究的地方，也是与学生讨论问题的场所。

斯坦福的各种建筑里边，稍微大一点儿的空地都不会闲着，到处都摆着桌子、椅子、沙发之类的东西，以方便人们交谈。校园里更是如此，不仅椅子随处可见，连花坛边缘的宽窄高低也修得便于人坐在上边看书学习，一物两用，想得实在周到！校园里的草地也不像中国那么稀罕，人们可以坐在草地上看书聊天，还可以从事各种体育活动。

灵感往往是在与他人的交流中获得的，不同的思想碰撞才能产生火花。一个大学是否会想尽一切办法，为人与人之间的交谈提供各种各样的方便，反映了大学的一种办学理念，也在一定程度上折射出一所大学的教育水准。

不论是大学还是公司，凡是需要创意的地方，都需要交流。苹果是世界上最富有创意的企业，这与他的领导人——乔布斯的一个观念是分不开的。乔布斯深谙此道，创意是从人们交谈中激发出来的灵感，所以他就想方设法创造更多的机会，让研发人员每天碰面。他提议把公司的大楼设计成圆形的，中间是个大咖啡厅。然而他担心有些人自备饮料，不喝咖啡，就不到咖啡厅来。他就灵机一动，想到每个人都得上厕所，所以他决定整栋大楼只建男女各一个厕所，这样就会增加大家的碰面机会。

上课时学生所坐的位置分布最能看出学生的学习态度。我 2010 年在斯坦福访学期间，旁听了多个系科的课，听每一门课之前都要征得授课老师的同意才行。现在在斯坦福读一年本科要交 6 万美元的学费，学校的教授很多都是世界上一流的学者，这么宝贵的听课机会对于我来说不多了。所以我每次上课时都坐在前两排，认真地记笔记。根据我对多个系科的长期观察，发现前几排的座位都是满的，向后逐渐减少，没有人是躲着老师尽量往后边坐的。因为这些课都是他们自己选的，是自己真正感兴趣的。

我在中国和新加坡都长期从事教学工作，前几排一般是没有人坐的，从中间开始才有人，大部分都挤在后边，有一些学生一堂课不抬一次头，一学期不提一次问题。他们来上课就是来报到的，是被动的，出于无奈的，真看不出他们一学期下来能学些什么！这也不完全是学生的责任，学生选课的自主性很小，学校规定得太死，很多都是为了挣学分无奈才来听课的。

虽然桌子、椅子、黑板等都是传统的教学设备，然而它们的设计和摆设则反映出一种教学理念，也能看出东西方教育观念上的差别。中国大学要改变自己的教学理念，必须从这些简单的硬件入手。

放眼世界，胸怀人类

世界一流的大学必须拥有国际眼光和世界胸怀，唯有如此才能培养出造福人类、改变世界的大思想家、大科学家。

一流大学必然拥有具有国际视野的管理者和具有大师风范的杰出教师。

在中国的高校里，如果有人做这样一个问卷调查，问刚入校的大学生："你有将来成为牛顿、爱因斯坦这样大科学家的志向吗？"估计有少数学生会说"有"，因为他们还有梦想。再问一下高校的老师："你有成为你这个领域的世界大师的志向吗？"估计得到的都是些否定的答案，因为他们的梦想在冷酷的现实中早已破灭。

世界一流大学的最重要指标就是拥有一批世界级的大师。西方的教育理念非常重视培养学生的胸怀和视野，让他们零距离接触世界级的大师。比如，斯坦福大学为此采取了以下三种措施。

第一，让自己学校的世界一流大师站在教学第一线，给学生上课，启迪学生，让他们直接接受大师智慧的熏陶。这样刚入校的大学生就能零距离接触世界级大师，让大师没有神秘感，这有利于增强学生的信心，从青少年时期开始就树立成就功业的志向。在这方面，国内高校的很多做法就值得反思，不少大学把自己的知名学者"保护"起来，不再给本科生上课，博士生也多是由别人帮助带，他们早就脱离了教学第一线，专心搞研究跑课题，为本单位争荣誉、添收入。这样就失去了"教学相长"的作用，对专家和学生都不利。

第二，组织高水平的国际会议。2010年我在斯坦福访学期间，他们的化学系举办一年一度的学术会议，报告者的前提就是诺贝尔奖获得者，名额只有10个左右。这些与会者除了报告自己的最新研究成果，还要讨论哪些是本领域的最前沿问题。一个学者只有在本领域做最前沿工作，才有可能做出革命性的成就，也才有可能获得诺贝尔奖这样的科技奖。斯坦福的化学系在美国也是数一数二的，他们系里有多个教授获得诺贝尔奖，这种骄人的成就与他们的眼光和境界是分不开的。

第三，频繁邀请本学科最杰出的学者来做学术演讲。我在斯坦福访学期间，就听过数学系和物理学系的系列讲座，被邀请来的嘉宾不少都是菲尔兹奖和诺贝尔奖获得者。其中物理系的一个讲座专题就是量子物理的前沿研究，邀请的教授包括欧美的顶尖级学者。而2012年两个物理学诺贝尔奖获得者都是在量子力学领域取得成就的。

在上述这三个方面，中国高校处于劣势，主要表现在两个方面：一是高校的领导者缺乏这种眼光，不清楚哪个领域是最前沿的；二是大学缺乏国际吸引力，即使不差钱，也不见得能把当今世界最优秀的人请来。

中国学生在学术追求上往往后劲不足，这与从小到大被灌输的思想不无关系。古人鼓励人上学读书，都是用金钱和美色，这种观念突出表现在这句话中："书中自有黄金屋，书中自有颜如玉。"父母鼓励孩子读书，也是希望将来他们能够有一个体面的工作，有车有房，受人尊敬。即使父母希望孩子做出成就，还多是为了面子，给父母增光，光宗耀祖。即使到了学校，老师鼓励学生刻苦学习的角度也差不多，比如不少学校这样教学生："今天你以学校为荣，明天学校以你为荣。"学习就成了面子问题。从古到今，绝大多数中国学生学习的主要动机和目的就是"死要面子"。而西方核心的教育价值观则是求真他们很注重对学生求真精神的培养。

此外，美国大学非常注重学生眼光和胸怀的培养。著名大学的开学典礼和毕业典礼的校长讲话很能体现他们的教学理念。这方面的资料我收集了很多，从来没有发现一个大学校长是这样跟学生讲话的："你们要以学校为荣"或者"你们要为学校争光"。在开学或毕业典礼这种场合，这些大学校长总是把当今世界最有挑战性的难题拿出来让学生思考，比如气候变暖问题、能源危机问题，如此等等，鼓励学生有勇气去迎接挑战。在这种讲话中，校长们常谈到一个话题，就是如何培养学生的自由精神、冒险勇气、国际眼光及智慧开发等。鼓励学生要志存高远，胸怀要广，努力学习不局限于个人的成功，也不为家庭、学校甚至国家的荣誉所限，要胸怀全世界，放眼全人类。不难理解，拥有这种视野的大学培养出的学生更容易成为世界级的大师，因为他们早早就关注思考世界性的问题，因而就更容易做出世界级的成就。

斯坦福非常重视对学生的视野和胸襟的培养。就拿其工程学院大楼的三个金属牌匾来说吧。大楼门前的地面上，镶嵌着一块很大的金属牌匾，上面刻着一句中国古谚，"师傅领进门，修行靠个人"，意在培养学生的独立精神。到了大厅里，地面上有一块金属牌匾，上面写着，"用你的智慧让人类生活更加方便"，把造福人类作为学生的教学理念。抬头看大厅的墙壁上，发现一块很大的金属牌匾，上面写着，"怀念那些造福人类的智者，悟出自己的人生价值"，要学生尊重前贤，实现自己的人生价值。

顺便说一下，美国大学对空间的利用非常有创意，那就是充分利用地板。用耐磨的金属镌刻一些名言警句，用以勉励学生。这些镶嵌在地上的雕刻一般为铜制品，学生可以随便踩，而且是越踩越亮。墙壁上的东西，人们往往容易忽略，而地板上的你就不得不看，因为谁走路都得看地上，真佩服他们的这种创意!

斯坦福大学工程学院大厅地面上的金属牌匾
上面写着:"我是一位工程师,要让人类的梦想成真。"(I am an Engineer. I serve mankind by making dreams come true.)一个工程师要服务于全人类,这就是一种胸怀

中国学生的志向有时太功利、太物质化,这样很影响他们未来的成就。即使那些一心想出国留学者,也不见得就有投身科学、造福人类的远大理想,有的只是向往国外的生活条件,想毕业以后可以到生活条件更好的地方工作。有些在国内大学读书的学生,心里想的主要是如何挣资本找关系,将来毕业时找一个理想的工作。这样的学生毕业后即使进入了高校或研究机构工作,也普遍缺乏求真精神,他们选什么题目,引用谁的文章,往往是跟风,看那些有权有势的人的眼色行事。这种拍马溜须、阿谀奉承的现象,也是妨碍学术进步的一大因素。

为了培养学生的国际视野和博大的胸襟,斯坦福还有各种各样的基金,可以资助学生到海外考察访问。我认识一位本科生,她说在斯坦福的四年里,每年暑假她都能申请到基金到国外考察,所以她到过很多国家。这位同学曾去过日本学日语,也来过中国学汉语,两种语言说得都很流利。这样的教育方式培养出来的学生，见识就会不一般，视野自然是国际性的。新加坡大学也很注重培养大学生的国际视野，大学四年中，学生可以申请资助到海外的大学读一年。像斯坦福这样的大学，虽然自身是世界顶级的，又在一个科技文化最发达的国度，但是它们并不"自高自大"，还是鼓励学生到国外长见识。

中国的大学要培养出世界一流的学生，也需要有这种政策，资助学生在读书期间，走向社会，走出国门，开阔眼界，增长见识。现在国内的大学已经意识到了这一点，开始朝这个方向努力，资助部分博士生到海外的大学学习一年，或者与海外的大学联合培养博士生。这是中国教育的一个利好消息。我在新加坡国立大学就接触过5名这样的学生，他们来自北京师范大学、武汉大学、华中科技大学等院校。在斯坦福访学期间，也遇到了这种留学生。但是我发现，读博士再送出国为时已晚了，他们的思维方法已经定型，外语能力又满足不了英语教学的要求，所以到国外一年的收获是非常有限的。送学生出国的最好时间是本科时期，他们具有更大的可塑性，更容易接受新的思想方法。

要成就大师，做出世界一流的成果，首先要有宽阔的胸襟和远大的志向。

保护自由，尊重个性

让师生的才华发挥到极致，世界一流大学无不如此。实现这一点的先决条件是充分保障每个人的自由，尊重每个人的个性。

一流大学的产生和存在，需要一个高水平的教育系统来保障。一般不会出现这种情况：一个国家冷不丁冒出一所世界名校。一所世界名校也不会孤零零地存在于一个教育落后的国家之中，因为一流大学的产生需要一个生态环境。这个生态环境的要素之一就是拥有一个自由竞争的高等教育系统。放眼世界，所有的一流大学都不是靠政府花钱培育扶植起来的，都是在自由中成长，在竞争中强大。

斯坦福大学背后就是崇山峻岭，遍布红杉树，附近就有个州立森林公园。我经常带家人或朋友去那里参观，发现红杉树的分布很有规律，大树都集中在山谷里，而山顶的树一般都长不大。为何同样的树种会有这样的大小分布？因为山谷水分充足，土壤肥沃，所以这里的大树都是成片长的，只要发现一棵巨树，附近必定还有大树。然而山顶上的红杉树一般长不大，因为要经受风雨的洗礼，加上水土流失、土地贫瘠、常年干旱缺水。

大树都是在合适的生态环境中长起来的，不是人工精心种植起来的。办大学也是这样。一个国家往往不会只有一所世界一流大学，而通常是有一批水平接近的大学。世界著名的大学大都集中在英国、美国这两个国家，前10名的大学几乎被两者包揽了。这说明英美具有办高等教育合适的生态环境。

再看看这些一流大学的教授的背景，就知道他们为什么能把大学办得那么好。一流大学的师资不少是来自其他国家的，其中来自中国、印度的比例最大。由此就知道，很多国家的"智力肥水"都流向了英国、美国，滋养了英国、美国的"大学之树"，所以它们才能长出"红杉树"型的高校。同时也可以解释为什么中国、印度等办不出世界一流大学，因为自己的"肥水"都流走了，留不住自己国家的最好人才。中国创办一流的大学，不仅要留住自己的人才资源，而且还要能吸引外来的"肥水"。等到这种人才流向出现了，中国办世界一流的教育也就不是神话了！

美国的大学为什么能够群星璀璨、各具特色？秘诀就在于美国的大学采取自由竞争体系，没有政府的调控、限制。政府每年只给这些大学拨一部分钱，大学运作主要靠其他来源的资金，包括学费、捐款、基金。大学怎么发展，用什么样的教育理念，侧重哪些学科，都是学校的董事会、管理者说了算。结果，美国的大学各具特色，各有各的传统，各有各的长处，每个学校都有自己的个性。

美国的著名大学几乎都是私立的，从学校的名称上就可以看出来。像哈佛大学、斯坦福大学都是以创办者的名字命名的，大学的办校理念最初是由创建者自己设立的。这种办校方式一开始就体现了个性，政府不加任何干涉，每个大学都可以自由地按照教育规律办学。

中国现在也出现了私立大学，然而仍是公立大学的附庸，在目前的体制下很难成大气候。国家在资金分配上已经限制了大学之间的自由竞争，教育管理者通过行政的办法，把大块的资金首先拨给了北大、清华这类大学，光财力这条限制，其他院校就失去了竞争能力。结果，中国的高校人为地出现了一种秩序，北大、清华永远是高校"老大"，地方院校永远是地方院校。如果有一天，北大、清华等不再受宠，在资金划拨上与其他院校平起平坐，使所有的大学都能够平等自由竞争，让各个院校能够各显神通，扬长避短，各自发挥自己的优势，那么中国高等教育界就会出现群星璀璨的局面，就会给高校的发展注入强大的活力。

过去几年，我去过很多省一级的大学讲学，得知这类学校所得到的政府的经济投入、每个学生得到的奖学金、老师拿到的科研经费非常有限，与北大、清华的差距是巨大的。

要建设世界一流大学，就要消除"大一统"的思想。政治家不能把自己的信仰贯彻在大学的教育中，不能让大学按照某种政治理念培养人才。美国大学里没有政府要求的公共课，这一点很值得我们去思考。追求思想大一统，是儒家教育的一种理念。一般人是这样理解孔子的"有教无类"的，不论贵贱贤愚一视同仁接受教育，就是说人人都有接受教育的平等权利。其实，几千年来大家都会错了孔子的原意，这句话的真正意思是，通过教育让大家变得"无类别"，就是把学生培养成一个样子。自古至今，中国的政治家都期望通过教育培养出自己想象的那"一类"人才。这是妨碍中国教育发展的传统观念。

个性化教育很重要，这主要体现在课程内容设置上。在中国的大学，一个专业学什么课程，都是规定好的。教育部不仅给每个学科规定好了必修的基础课，每门课还规定了教学大纲，如此不同大学的相同专业都差不多。而且教材也规定好了，师生也没有什么选择。结果，同一专业毕业出来的学生，不论是哪个大学的，知识结构都差不多。

然而美国大学从来不做这样的硬性规定。每个学校可以设定自己的教学要求，课程的类别、数目和内容，都由自己决定。就拿语言学系培养博士生来说吧，我在美国读过三所大学——加利福尼亚大学圣迭戈分校、圣塔芭芭拉分校和斯坦福大学，谁跟谁的要求都不一样，它们的课程设置和教学内容差别巨大，这样培养出来的学生自然也就各具特色。

个性化教育还体现在学生选课上。每所大学提供上千门不同的课程，学生可以按照自己的兴趣自由选择。每个专业要求的必修课都很有限，只有少数几门，这样学生大部分的精力都可用在自己感兴趣的课上。所以即使同一个专业毕业出来的学生，也各具特色，谁跟谁的知识背景都不一样。

一流大学必须做到，不强迫学生上自己不感兴趣的课程，学生有自由不学自己不感兴趣的课程。这一点看似很容易，但是做起来却很难。一个中国学生，从本科到博士，要用相当大一部分时间和精力来学习那些自己不感兴趣的课，而且常常硬着头皮去学一些自己很反感的课，这是多大的浪费呀！

我在这方面深有体会。就拿时事政治来说吧，我在国内读本科、研究生时都是必考科目，每星期专门拿出半天来学习。后来我到美国读书，终于可以不学这些了，当时觉得很庆幸。博士毕业这十几年来，多次做这样的噩梦，接到斯坦福大学的通知，说我的博士文凭不算数，要补考时事政治，如果不及格就取消博士资格。中国要出现世界一流的大学，必须先让学生不做这样的噩梦。

西方的个性化教育还体现在招生方面。他们的大学都是自己制定招生标准，而且招生的标准多样化，除了一般的考试科目，任何可以证明能力的证据都行。比如一个学生到医院做过义工，到国外考察过当地的风土人情，都可以作为申请的证据。即使考试分数，他们也不画死杠杠，有很大的伸缩性。只要学校的招生委员会同意，别人无权干涉。这样招来的学生，各有各的特长，各有各的优势。他们到一起学习，相互之间交流竞争，就容易出人才。中国的高校录取制度，就是根据单一的分数标准，学生的特点都是善于考试，大家的能力都差不多。进入高校就意味着让这些中学善于考试者"火并"，大家都是高考的优胜者，各自抱着巨大的优越感来到一起，都有光辉的中学学习历程，然而残酷的现实是，到了名校的一个班里，还要分出高低，不可能人人都是第一。结果长期拥有巨大优越感的学生经受不了沦为"二三流"的打击，不少学生陷入长期的精神痛苦。单一的录取标准，必然导致学生的特长单一，不利于学生的成长。

世界一流大学还给老师以巨大的自由。就拿成绩评定来说吧，老师可以采用任何方式、任何手段评估学生，而且给学生什么样的成绩，学校也无权过问。所以，一个班几十名同学，可以个个拿到A的成绩，因为老师可以认为"我教的是世界上最好的学生"。我在斯坦福上了二十几门课，除了"二外"日语是B，其他的功课都是清一色的A。这也许是成绩上的"通货膨胀"，但是起码可以看出老师具有高度的自主权。然而，我所在的新加坡国立大学则规定，一个班只能有25%左右的A，如果超过了这个指标，行政人员就会要求你往下拉，经常弄得老师十分头疼。我还听说国内一所大学的校长颇有创意，规定每个班级必须有5%的学生不及格，弄得学生诚惶诚恐，都怕自己被当作尾巴"被砍掉"。

总之，一流大学是在自由竞争中成长起来的。世界上成功的高等教育体系都是个性办学，形成群星璀璨、各具特色的大学群体。

"种豆得瓜"的教育观

种庄稼只能是种瓜得瓜、种豆得豆,而人不同于植物,人才的培养很多时候则是"种豆得瓜"。这是西方教育的一种重要理念。

几千年来,中国一直是个农耕文明的社会。我们的先人从种庄稼中悟出了很多道理,其中一条就是"什么藤上结什么瓜,撒什么种子开什么花"。另外一个类似的表达就是"种瓜得瓜,种豆得豆"。这种朴素的哲学观深深地影响着中国的教育,制约着人才的培养。

中国人学习有一个特点,就是学什么就一辈子只学什么,什么专业的人只知道学什么知识。中国大学老师的专业背景都很"单纯",一般都是从大学起就开始学这一专业的,一路走来。而且老师的学科又分得很细,即使同一专业的,常常是画地为牢,老死不相往来,各种各的一亩三分地。

中国大学的研究生招生沿袭的就是"种瓜得瓜"的教育观,更倾向于考虑相同专业背景的学生。硕士生和博士生都有专业考试,考查范围都是本专业的知识技能,自然把那些不同专业背景的人拒之门外。大学在博士生选拔中,特别强调科班出身,认为只有在这个学科领域接受长期训练者方能取得优秀的科研成果。

美国大学的研究生选拔跟中国的大不一样，他们没有专业入学考试，主要看申请者的背景和学习动机。拿语言学这个学科来说吧，语言的属性是多方面的，具有心理、逻辑、社会等特性，因此可以从不同方面去研究语言。所以国际上知名语言学家都是来自各个学科，有心理学的、数学的、计算机的等，真正科班出身的则很少。比如，麻省理工学院的乔姆斯基是世界上最知名的语言学家，他原来是学习数理逻辑的。就拿斯坦福大学语言学系老师来说，他们本科学习的专业就有数学、哲学、电子工程等。这些人从不同的学科来研究语言，互相切磋，就很容易产生思想的火花，发展出新理论。这个系总共不到20位老师，很多人都是各个领域的风云人物，在国际学术界都很有影响力，整个系的实力在美国排名第二。他们的活力和创造力说明一个道理，多元化的知识背景有利于促进学科的发展。他们把这一思想贯彻在研究生的选拔上，因此语言学系很欢迎来自心理学、数学和社会学等专业的申请者。

西方教育中的这种观念，反映了渔猎文明的哲学观。不管你做了什么准备，不管你用什么工具，也不管你是勤奋还是懒惰，最后捕到鱼打到猎物才是好样的，才可以不挨饿。

"科班出身"的观念在中国根深蒂固。说一个人不是科班出身，就意味着这个人的专业技能不牢靠，基础不扎实，也就难以做出像样的成果。所以，中国人做什么事情都讲究一个"专业对口"。有三种观念制约或说影响着人才的培养。

第一，学什么的，就只能做什么。

第二，学什么的，就只会做什么。

第三，学什么的，就只允许做什么。

然而要清楚，科学文化的创造发明，既不是种豆子，也不是种西瓜，而是思维的创造性活动，目的是探求自然规律。这个过程高度复杂，具有很大的偶然性，无法预测会在何时何处取得成果。然而培育植物的过程是高度可以预测的，只要有合适的水分、土壤，种子就会发芽，什么时候开花结果，开什么花，结什么果，这些都是可以准确预测的。科学创造需要思想的火花，而思想火花是不同知识碰撞的结果，所以单一的知识结构就不利于科学创造发明。

科学创新有别于植物的生长规律，有时候是"有心栽花花不开，无心插柳柳成荫"，有时候则是"春色满园关不住，一枝红杏出墙来"，有时候甚至会"种芝麻结出一个大西瓜"。所以人们应该清楚地认识到，农耕文明的哲学观不利于科学探索。

苹果公司的成功也很有启发性。乔布斯所创立的苹果公司是当今世界上最具有创意的企业，它的发明改变了世界，影响着每个人的学习工作方式。但是苹果公司的技术研发团队很多并不是计算机系毕业的。就拿乔布斯本人来说吧，他只上了一年大学，什么系统的专业知识也没学，但是他那时选修了一门书法课，后来他把这种技能运用在电脑的字体设计上，极大地推动了个人电脑的发展。

无独有偶。现在所有的电脑都采用视窗技术，而视窗的关键技术是苹果公司的主要软件工程师阿特金森首先开发出来，而阿特金森本来是学习脑神经科学的。从脑神经科学到计算机软件跨度够大的，一般人很难想象两者之间有什么联系。可是就是这么一位原来学医学的人引起了一场电脑技术革命，这也是科学发明创造中"种瓜得豆"的范例！

农耕文明对学术研究的影响分几种情况。首先是对学习者本人的影响，比如很多人觉得自己学什么专业就只能干什么专业，从来不想也不敢想自己还可以做别的，以致终生发现不了自己其他方面的才能。其次是用人单位选拔人才的影响，比如不少领导都有这种根深蒂固的思想，一个人是学什么的，就只会干什么，就只安排这个人去干什么。此外，不少管理者受此观念影响，对员工的任务分配教条化，学什么的就只允许你干什么。

很多研究所或者大学，分出各种各样的教研室。就汉语语言学来说，就有语音、词汇、语法三类，有些还分出方言一类，然后从时间上切割成现代、近代、中古、上古，这样弄下来就有十几个教研室。其实很多问题的解决需要综合的知识，既涉及语音、词汇、语法，又要同时关注古代和现代，打破这种边界才能取得好的成果。

这就好比计划经济时期，一块地被规定只能种什么庄稼，最后弄得大家谁都吃不饱，而且食物品种单一。学术研究上"搞计划经济"是最不利于创造发明的。中国学者的创造力普遍偏低，这与知识单一、只做一件事不无关系。

美国大学的设置有几点值得我们学习。研究生招生中注重背景的多样化，看能力而不是知识。系以下不再设立各个教研室，提倡不同方向的老师之间交流合作。不要说同一学科的各个方向没有界限，不同系科之间的界限也是不明显的。学生可以自由地跨学科选课，跨院系选老师。

总之，科学的创造发明有自身的规律。我们要警惕农耕文明的哲学观对中国人创造力的制约。

"对牛弹琴"的教学法

形容一个人说话不看对象,跟一个不可理喻的人讲道理,汉语里专门有个成语"对牛弹琴"。然而,美国教育却鼓励"对牛弹琴",美国大学教育处处可见有意识的"对牛弹琴"现象,结果是很多人最后变成了"牛人"。

"对牛弹琴"是一种能耐

美国教育鼓励"对牛弹琴"这种理念是有其科学性的,这对"弹琴"者来说是一种挑战,因为它让学者从极不相同的视野来呈现自己的专深知识;而对"听琴"者则是一种巨大冲击,这两者的碰撞往往会导致思想突破,最后造就出创新型人才。

2010年,我借学术休假的机会又返回母校斯坦福访学一年。一天中午,我到大学商业中心的一家餐厅吃饭,这里是大学最热闹的地方,一天到晚都是熙熙攘攘的人流,看到餐厅门口的院子里有一片五颜六色的大画板,每个画板前都站着一个学生,不时有人会驻足观看一下,那些学生就比划着给围观者讲解。我走到跟前才搞清楚,原来是工程学院一个班级的高年级学生在做活动,他们把自己的实验成果制成大幅的彩色图纸,并附上简单的文字说明，给路过者耐心地讲解他们的实验内容、意义和实用价值。

我也读了一二十年的书，而且工作一直没离开过大学，还曾到访过世界许许多多的大学，然而斯坦福大学工程学院的这种学生活动我还是头一次碰到。当时我非常好奇，就先买好了一份饭，走到他们的展区边吃边看。

这些学生一见有人走过来，就热情地给我讲解。当时我只是条件反射地不住连连点头，其实我啥也没听懂，就是凑个热闹。当时心想，围观者中有不少是像我这样文科出身的人，绝大多数是没有工程科学背景的，这些大学生不是瞎耽误工夫吗？尔后我逐渐悟出个中的奥妙，挑战这些学生的能力，让他们学会如何把高深而抽象的科学道理用通俗的语言说清楚，让各种各样的门外汉们也能理解。如果一个学生能做到这一点，不仅是一种能耐，而且还可以从中获得成就感。

这次回斯坦福访学，因为没有了昔日读学位的压力，我给自己制定了一个学习策略，专门听那些以前没接触过的系科的课，就选择了数学、物理、统计学、心理学、计算机等系的课。听课之前，需要征得任课教授的同意，我就给有关教授发一封邮件告知我的来意。几乎所有的欧美教授都不问我是什么背景，就很爽快地答应了。

斯坦福博士论文答辩有个在我们看来很特别的规定，答辩委员会主席必须由一位非专业的教授担任，而且此人必须提至少一个问题，让博士生回答。这就好比答辩现场突然闯进来一头牛，非常考验一个博士生的应变能力，看你能不能找到一种创造性的方式，运用浅显易懂的语言，让一个外行听懂你博士论文的内容。

我的博士论文是关于语言演化机制的，当时我的答辩委员的主席是来自历史系的一位教授，他是十足的语言学门外汉。现在回忆当时答辩的过程，本专业的语言学教授所提的问题，我现在全忘了，唯独记住了这位历史学教授的问题。他问我："如果一位唐代的人来到你面前，你们的语言交流会出现什么问题？"提这个问题需要创意和想象力，而且本专业的教授是不会这样问的，我回答这个问题也很兴奋、很激动，我认为是整个答辩过程中我回答得最精彩的一个问题，所以迄今记忆犹新。从那以后我就认识到，对牛弹琴还真能弹出让人意想不到的美妙乐章。

"对牛弹琴"弹出的大科学家

要提倡"对牛弹琴"教学法，不仅要有合适的文化氛围，而且还要有配套的政策措施。美国大学的考试制度极具弹性，对于同一门课学生可以选择不同的考试方式，那些选择"五分制等级"者需要参加考试或者写研究报告，而那些选择"通过/不通过"者只用听课就行了。

这样的考试制度，就使在同一个班级上课的学生中，有的是这门学科的高材生，有的则是一窍不通的"傻牛"，这帮人争论起来，那真是险象环生，什么意想不到的事情都可能发生，"乱弹琴"肯定是避免不了的。不过这种课堂氛围，老师也乐见，学生也习惯，而且能够造就杰出的科学家。就我所知，起码两个数学菲尔兹奖的得主都是得益于这种教育体制。

诺贝尔奖不授予数学家，数学界的国际最高奖是菲尔兹奖，迄今为止只有两个华裔学者获得过这项殊荣，其中一个就是哈佛大学丘成桐教授。我在斯坦福访学的这一年，丘教授应邀来讲学，我听了他一次面向大众的讲座。

当时丘教授谈到自己的求学经历，他是在加利福尼亚大学伯克利分校获得博士学位的，专业是数学系，但他选修了一门物理系的课。丘教授回忆道，刚上这门课时感到很痛苦，整个教室的那么多学生可能就他一个最懵懂，开始啥都听不懂，一学期下来才勉强弄懂一个概念。他没想到，后来在数学研究上的突破就是受到这个物理学概念的启发，也因此获得了数学界的最高荣誉。

试想一下，如果没有富有弹性的考试制度的话，丘成桐大概也不敢冒着不及格的风险来修这门自己专业之外的课，那么很可能就没有一个姓"丘"的菲尔兹奖得主。

丘成桐成名以后，自己也很推崇"对牛弹琴"这种教育理念。丘教授的数学成就主要在他创立的弦弧理论上，可是它属于高深而又抽象的数学分支。他不想让自己的理论一直阳春白雪下去，决定走出孤芳自赏的小天地，让下里巴人也能理解一二，所以就与一位科普杂志的编辑合写了一本《内在空间的形状》。丘教授找这么一位非数学家的杂志编辑来合作，大概就是为了先让这位外行合作者咀嚼消化一下他的理论，寻找更好的方式来呈现给大众。

丘成桐讲座的礼堂外边，有售这本书，怀着对丘教授崇敬的心情，我也买了这本书，并恭恭敬敬地让丘教授签了名。因为这本书写得非常通俗易懂，我也确实能看出一些门道。我相信，丘教授这种面向大众的努力，说不定会启发某个人日后也在科学上做出重大突破。

让学人既做"琴师"又做"傻牛"

在我访学的这一年里，斯坦福还请来了普林斯顿高等研究院的爱德华·威滕教授，他也是菲尔兹奖得主，而威滕的研究领域是理论物理，被誉为"活着的爱因斯坦"。也就是说，威滕教授是物理学界芬芳，数学界开花。

威滕的求学经历则更加传奇，他的本科是在美国一所非常普通的大学念的，而且学的是语言学和历史学，属于文科生。可以想象，在他的求学生涯中，不知有多少场合会遭遇"对牛弹琴"的尴尬，他需要多大的勇气，才能一次次突破自己。正是因为他这样"被牛"多了，所以最后才成为一个世界级的"超牛"。显然，没有美国这种教育机制，就不可能造就威滕这样的杰出科学家。

在斯坦福大学的教育管理中，处处体现出"对牛弹琴"的理念。斯坦福要求，每个被邀请来的"大牛"都要"对牛弹一次琴"，即面向全校乃至附近社区的民众做一次大众演讲。这也是一种值得借鉴的学术交流方式，既能提高大众的科学素养，又能激发人们的灵感。

科学突破最易发生在不同学科的交叉地带，思想的火花多来自不同知识背景者之间的交流。斯坦福大学的管理策略就是鼓励交叉学科，从人力和财力上支持交叉学科，想尽一切办法创造不同学科人员相互合作的机会，从而保证了大学的成功与活力。

2010年我重返斯坦福访学期间，参加了一个"复杂系统理论研究小组"，旨在探讨各种各样复杂系统之间的共同规律。环顾人类的生存环境，是由各种各样的复杂系统组成的，诸如食品、交通、医疗、物理、化学、生物、气象、政治、文化等都是一个复杂系统，那么很自然这个课题组吸引了各个学科背景的人。不同学科的人走到一起，每个人都兼有"琴师"和"傻牛"的双重身份，谈自己学科知识时是"琴师"，听别的学科人讲话时则成了"傻牛"。一个新学科很有可能在这种"对牛弹琴"的氛围中酝酿而生。

让"对牛弹琴"成为一种文化

要做到"对牛弹琴"，首先要克服文化心理障碍。"弹琴者"应该改变态度，不怕嘲讽挖苦，能给"牛弹琴"，既是一种能耐，也是一种智慧。更重要的是，人们都要有一种敢于当"牛"的勇气，接受并不是自己专长学科的东西，最终成为"牛人"。

"高山流水遇知音"故事中的伯牙，以为听懂其琴声的只有钟子期，实际上，天下能听懂他琴声的，肯定不止这么一个砍柴者。敞开心灵，善于沟通，人们会发现世界上的知音比原来想象的要多很多，而纠结于"觅知音情结"，只会导致思想自闭。

一个人能把自己珍藏在心灵深处的东西拿出来与人分享，会有意想不到的收获。人生的意义不在于是否有别人知道自己，更不必讲究"士为知己者死"，因为生命只有一次，而知己者则可能有很多个。让自己所信奉的理念，变换一种方式，站在对方的角度来理解，是一种大智慧大境界，人生的价值必然会得到提升。

一个国家、民族要具有活力和创造力，必须让"对牛弹琴"成为一种文化。

校园文化

为何校园里摆放抽象雕塑

抽象雕塑点缀着斯坦福的校园，世界一流大学大多都有这类艺术品。欣赏抽象雕塑与做出科学发现有异曲同工之妙。

校园景观

艺术和科学是相通的，而抽象艺术可以激发科学发现的灵感。任何科学发现和创造都离不开想象能力和抽象思维，抽象艺术有利于科学探索能力的培养。

斯坦福的校园很大很美，被誉为世界十佳大学校园之一，其中给我留下印象最深刻的是散见于校园各处的抽象雕塑。在校园里散步，每次看到这些奇奇怪怪的玩意儿，就会情不自禁地驻足一下，此时此刻联想能力自动启动，不自觉会浮想联翩，总是在琢磨这到底是什么东西？想象它们与现实世界的哪种东西相似。这样的经历多了，在脑子里留下的印象也就深了，所以至今不能忘怀。

世界各地的知名大学，我去过不少，诸如哥伦比亚大学、加州理工学院、普林斯顿大学等，也有各具特色的抽象雕塑，只是没有斯坦福大学的数量丰富和花样多而已。我一直在思考一个问题，大学放置这些抽象雕塑的真正目的是什么？难道仅仅是为了装饰校园吗？坦率地说，一些抽象雕塑并不能给人以美感，反而让人感到古怪，胆小的人晚上碰见或许会被吓一跳。从我个人的切身体验来说，人们对这些抽象雕塑的思维感受过程跟科学探索的心路历程很相似，科学家发现诸如原子、电子、基因这样的东西，不正像看到这些抽象艺术品的感受吗？这些微观物质都与我们日常见到的事物形象很不一样，都是存在于肉眼看不到的另一个世界的东西，它们的存在形态一定会让人觉得新奇古怪，人们需要用超越现实的想象力才能发现它们和理解它们。

科学发现需要一双慧眼，这就离不开大胆的想象，这样就不能为现实经验所羁绊。所以说，天天观察这些抽象雕塑，人们的思维就会在潜移默化中变得活跃，就有利于提高科学发现的敏感性。

一件生锈发黑的抽象雕塑被视为宝贝

这些抽象的雕塑，我看过无数次，每次都有新感受，每次都会胡思乱想一番，一会儿觉得像这，一会儿又觉得像那，长此以往，得出的最终结论是：它们什么都像，也什么都不像。但是，这其中一件雕塑的寓意比较简单明了，我总算看懂了。它是由三个一模一样的几何形状的铁制品搭建的，由于它们摆放的姿势不一样，远近高低各不同，所以表面上看起来形状各异，人们很难发觉它们原来是完全一样的形状和大小。这尊雕塑就像一个无言的哲学家，向人们诉说着一个道理：对于同样一个事物，不同的人观察的角度不一样，感受到的印象也会不同，得出的结论常常各异。

别看这个铁制品生锈发黑，搁置在校园的一块杂草丛生的地上，看起来很不起眼，可是斯坦福却把它当作一个宝贝，在斯坦福每年印制的精美挂历上，总共那么十来页，就常有这个雕塑的图片。这个雕塑的创意和寓意确实有永恒的教育价值。

这是由三件形状大小一模一样的铁制品搭建成的雕塑，但是因为摆放的姿势不同，就产生了不同的观感，它被斯坦福大学视为宝贝

还有一个雕塑我也看懂了。几根冰冷的钢管，造出一般人想不到的花样，看起来杂乱无章，实际上它遵循着科学原理——力的平衡。

热衷抽象艺术，欣赏抽象作品，反映的是科学素养。有人做过一个心理学实验，跟普通大学的学生相比，国际知名大学的学生普遍有一个特点，那就是更偏好抽象的东西，并能够从抽象的事物中发现美。显然，校园里的抽象艺术有利于培养学生的抽象思维能力。因为想象力和探索的勇气，是思想家、科学家应该具备的素质。这样的校园氛围，自然有利于科学大师的孕育。

斯坦福校园里的抽象雕塑

抽象艺术与教学的关系

表面上看来，校园里摆放的抽象雕塑与教学风格是风马牛不相及的事，然而两者却是和谐一致的，它们之间存在着内在的联系。斯坦福的教学风格极为注重培养学生从抽象的学科内容中发现美的能力。

在斯坦福，老师们的教学风格各具特色，但是有一点是共同的，没有一个老师追求"寓教于乐"的教学风格。让外人看来，这些教学风格有些沉闷枯燥，然而这正是老师应该做的事：把本学科最抽象、最系统的知识传递给学生，培养学生对抽象知识的兴趣，让学生从抽象的学科内容中发现美，从而培养学生的抽象思维能力。

要知道，科学探索离不开抽象思维，科学发现和发明都是发前人所未发，因此离不开"超凡脱俗"的想象力，斯坦福校园的抽象雕塑和课堂的教学风格，都是为了培养学生这种能力而设定的。

美轮美奂的建筑是无言的教材

美轮美奂的建筑是无言的教材，它能让学生浸润在审美之中，使他们懂得审美，追求审美，从而培养出科学探索的激情，因为发现简洁而严谨的科学规律是审美的最高体现。

世界一流大学的管理者明白，大学是探讨科学规律的地方，必须讲究审美。美的校园、美的建筑，能培养学生的审美意识，有助于提高师生们探讨科学和钻研学术的激情。因此，世界名校的校园，大都美得令人震撼，美得不可思议，美得个性鲜明。

各具倾国倾城之貌

过去这十几年，我去过不少世界知名大学，看得多了，已能从一个大学的校园布局特别是建筑的审美水准，估计出其教育和科研水准。

有些人会简单认为，有了钱就可以做到一切，就可以把学校建设得漂亮。错！这些世界一流大学的建筑之美远不是一个"钱"字可以买来的，它是一种文化，是一种积淀的结果。

西方教育讲究的是个性化，西方大学的建筑则把这种个性化演绎得淋漓尽致。它们的美，各有各的风格，各有各的倾国倾城之貌，没有两所大学是一样的，连近似的都没有，这体现出设计者的想象力、创造力和审美力。

这些大学建筑的个性化，来源于各自独特的用材、造型、色调、布局、规模，还来源于与周边自然环境的结合，楼房与山丘、河流、湖泊、林木、花草相映成趣。整体中有细节，细节融于整体，多彩多姿，千变万化，但又完美一致、和谐统一。例如，剑桥大学的建筑像富丽堂皇的皇宫，周围河流环绕、林木葱郁，与开阔的田园连为一体，很像行走在田野上的一位雍容华贵的贵妇人。斯坦福大学的主建筑皆为红瓦顶和黄沙石墙壁，并有结实高大的石柱走廊连接，在山丘的衬托下，好比典雅古朴的大村落，如同一位五官端庄且落落大方的村姑。普林斯顿大学的主建筑群由一座座精致小巧的楼房组成，墙壁是用乳白和红褐两色石头砌成的，掩映在高大的林木之中，就像长得秀气而又十分耐看的小家碧玉。如此这般，不一而足，它们美得永恒，美得传奇。

不论是谁，进入这些大学的校园，首先上的是一堂"建筑美学"课。建筑之美是无言的老师、无声的教材，长期沉浸在这种氛围中，能涤荡心灵、陶冶情操，从而滋生出对美的向往。要知道，懂得美、爱护美、追求美，才是人类科学发展的真正原动力，而社会的实用价值只不过是科学产生的契机罢了。

建筑风格与发明创造之间的关系，充分体现在乔布斯的"发明人生"上。在事业成功之后，乔布斯曾多次提到他从小居住的房子对他后来发明创造的影响。他孩童时住的房子是房地产商人约瑟夫·埃奇勒的公司建造的。这家公司建房子一直秉持一种建筑理念，即建造适合美国普通百姓的简单之家，他造的房子整洁漂亮，价格低廉，质量上乘，简洁而有品位，给低收入家庭带去了美好的体验。凡是用过苹果产品的人，都会发现乔布斯小时候所住房子的"干净而简洁的品位"在苹果产品中体现得淋漓尽致。

公用水龙头设计得像艺术雕塑

持实用理念的建筑者,自然会去追求楼房的高大宏阔,恨不得把所有的人和物都装进去;他们经常会以学校建筑面积"多少平方米"来夸耀说事。

然而,世界一流大学的管理者和设计者的建筑理念往往不是这样,他们注重实用价值和审美价值的结合,在个别建筑上,甚至牺牲实用价值而追求审美价值。剑桥大学的教堂就是典型代表,它是世界大学里最壮丽的建筑之一。2010年我去访问剑桥大学时,发现不论从哪个侧面和角度观看这座教堂,都会被它的壮丽震撼,感觉就像天上宫阙,是一件巨型艺术品。同时,它还把整体的壮观与细节的精致统一到完美的地步。走进教堂一看,从屋顶到四周墙壁,雕刻装饰层层叠叠,精美绝伦;而实用的地方,就地面一层,空间不大,能放下的椅子并不多,当时有一个乐队正在练习音乐。

剑桥大学的桥

剑桥大学的桥,让人通过的同时能获得一次审美体验

看一所大学的建筑品位如何，就要从那些细节着眼，比如门窗、墙壁、屋顶、梁柱什么的，细微之处见功夫嘛！愿意在这些没有什么实用价值的地方花大价钱、出大力气，精雕细琢，才是真正对美的追求。

2008年，我到德国开会，顺道参观了海德堡大学。刚踏入校区，一眼看到大学院子里有一个公用水龙头，一个工人正在洗手。这个公用水龙头的整体设计独具匠心，是我见过的同类东西中最讲究、最美的。水龙头有四个，分别于一个四方红砂石柱子的四个面伸出，这个石柱子由不同颜色的天然石料建构，基座有雕饰，顶端是手持宝剑的精美狮子石雕。围绕柱子，用雕饰的石头砌成一个小水池用于盛水。远远看去，还以为它是一尊艺术雕塑呢，当时我就情不自禁坐在水池边照了一张相。

德国海德堡大学的一个水龙头池子，美得太任性了

不用看这所大学的其他地方，仅仅看一眼这个水龙头的设计，就会明白大学管理者的审美品位和用心，由此可以推知他们在人才培养上会有何种精神了。来之前我对这个大学不太了解，后来才知道这所大学的毕业生中，有19人获得诺贝尔奖。在毕业生获得这项殊荣的世界大学排行榜上，这所大学名列第十，其教师队伍中也有12人获得过诺贝尔奖。

欣赏一所大学的建筑风格，不要仅仅关注那几栋门面楼房，最好还要去看看他们的学生宿舍。2011年夏季的一天，我来到哈佛大学参观，在一栋楼前留恋很久，不愿离去。这栋楼房很普通，就是用水泥和红砖盖成的，然而它的出入门楼的设计却那么别致，有种童话般的美丽！我原以为是什么不寻常的建筑，一打听才知道这是本科生宿舍。显然，哈佛大学管理者的审美很不一般，他们认为，宿舍除了住宿，还应具有提高审美水平的功能。这种处处追求精致和审美的做法，仿佛在告诉来访者，哈佛出了那么多杰出人才，并非偶然。

比尔·盖茨捐赠的大楼选用"老材料"来建

我个人认为，如果从石雕艺术的水准和价值来看，每所世界知名大学都是名副其实的"世界文化遗产"级的水平，而且还是其中的"上品"。差别只是它们不仅仅是供人参观留念之地，还是培养人才的教育圣地。

绝色的美不仅需要高超的工艺，还离不开好品质的材料。再好的设计、再美的造型，如果工艺不行或材质不好，没过多久，不是这里塌了就是那里掉了，不是这里裂了就是那里碎了，怎能给人以美感？世界一流大学的许多建筑，都是几百年前建造的，但时光的流逝，并没有影响它们的美丽，这与他们的建筑选材是分不开的。

这些大学的建筑用材有一个共同点，就是充分利用自然界所提供的原材料——石头。石料能给人以古朴、厚重、自然之美，也是最能抵御风霜雪雨洗礼的材质，加上能工巧匠的智慧，就塑造出了一流大学的建筑之美。几百年前用石头盖房子，那是因材施建，但即使到了今天，他们也绝对不会把老旧的石头房子拆掉而建成现代的水泥玻璃建筑，而且一些新建的楼房也选用石材。

斯坦福的计算机大楼是比尔·盖茨捐赠的，主墙仍用黄砂石砌成，与

100年前刚建校时的建筑用材保持一致。斯坦福的计算机系在世界上首屈一指，他们研发的技术代表着当今最新科技，他们培养的人才改变了世界，惠普公司和谷歌公司的创始人都是出自这个系。他们在科学思想上不断求新，而在建筑风格上则追求"复古倒退"和"墨守成规"。这给人一种感觉，只有厚重沉稳的建筑，才能承担为现代科技培养人才的历史使命。无独有偶，2011年夏季，我驱车来到密歇根大学，看到尚未启用的法学院新大楼，也是用石头砌成的。楼房不大，只有两层，然而非常耐看，古朴雅致。他们的建房理念不单是"百年大计，质量第一"，同时是"树人大计，审美第一"。

当然，世界一流大学新建的房子，不可能都用石头，大量的新建筑还是用现在的建材，但选材和设计极为考究，在造型和格调上，尽最大努力与校园原来的建筑风格保持一致，追求高雅，摒弃浮华俗气。有这样追求的大学，所培养出的学生能平庸吗？

现代大型建筑不会在校园拔地而起

一舍一楼的美是小美，集合起来就构成校园的大美，世界一流大学都具有这种大美。

这种大美首先来自于一个整体的设计基调，以及各个建筑的高低搭配的统一，如果楼房任性地忽大忽小、忽高忽低，比例失调，就会破坏和谐之美。虽然世界知名大学都资金雄厚，但不会突兀莽撞地建一些拔地而起的现代化大型建筑。以斯坦福为例，最高的建筑是胡佛塔，它是美国总统胡佛的纪念塔，大概有十几层楼房那么高，但其他楼房都是两三层的，都不庞大，而且色调也协调一致，即使刚刚建成的楼房也不破坏这一格调。就算后建的工程学院大楼和商学院，也保持早期建筑的风格，楼前都有粗大的柱子支撑的走廊，给人以厚重之感。

为了保持建筑的和谐之美，大学的管理者们宁可花大价钱、费大力气去还原复古老建筑,也不愿把这些老建筑拆掉,取而代之以现代化的楼房。这一点给我留下最深刻印象的是斯坦福大学,该校于100多年前建校,第一批建筑全是红瓦顶黄沙石墙壁风格,直到现在,这些建筑仍然是该校的标志性建筑,并且确定为该校的建筑基调。

1989年,因旧金山大地震,该校图书馆的主楼和主大院的塔楼被震坏了。学校管理者不惜花大价钱、费大力气,旷日持久去修复它们。黄砂石自然界还能找得到,然而手工烧制的红瓦工艺早已失传,这样的砖瓦厂也不复存在。学校花了十多年的功夫在世界各地寻找这种烧制砖瓦的工艺,还到各地采集石材,最后完全按照原貌重新建好了这些被损坏的楼房。图书馆的主大楼从被震坏到修复好再到重新开放,整整用了15年的时间!

俗话说百年树人,而打造一个学校的建筑之美,也得上百年甚至几百年的时间。只有具有这样追求审美精神的大学,才是诞生科学巨匠和思想大师的理想摇篮。

斯坦福大学的标志性建筑——主大院

主大院远处为胡佛塔,为纪念从斯坦福毕业的美国总统胡佛而建

石凳所扮演的教育角色

为了培养学生的科学爱好,学校管理者可以说是费尽心思,就连学生小憩一下的石凳也大有文章。

诺贝尔奖只是领军者的"旗帜",他们的背后是一支强大的科研生力军。斯坦福有一支无与伦比的科研队伍,以及对科学充满好奇的学生。对科学探

斯坦福大学生物系、医学院大楼旁的石凳

石凳的材料是黑色大理石,上面是用特殊的刀具雕刻的图像,白色是原石材的本色,不是涂料

索的激情是学术领先的关键。那么,他们是怎样培养对科学探索的激情的呢?前面我已经有多篇文章谈到这个问题。

我在斯坦福用照相机拍了几百张照片,现在呈现给大家其中的一张。这是位于生物系、医学院大楼中间的石凳。石凳上雕刻着科学家讲座的镜头、生物解剖图和数学公式。由此可见,他们培养师生学科意识和兴趣到了"无所不用其极"的地步,连人们小憩的时候也不放过。有人也许就在这个时候产生了弄懂这些公式的好奇心,由此产生了对科学的兴趣。从另外一个角度看,他们的审美意识也与一般人不同,把科学探索看成风光无限的探险,把抽象的数学公式看成最美的"风景"。被这种价值观引领的师生,不优秀也难!

出没于校园的野生动物们

校园里连野生动物都可以自由出没，这不仅反映出师生的素养，也折射出一种特殊的校园文化，而这种文化则与创造型人才的培养有关系。

校园里遭遇山狼

20世纪90年代初，我来到加利福尼亚大学圣迭戈分校读书。这个学校位于丘陵地带，校园到处都是原生态的沟壑，起伏跌宕，加上杂草丛生，灌木茂密，使得校园既富有变化又野味十足。

我第一学期是住在集体宿舍。一天，打开大楼的一个侧门出来，就在路旁草丛里看到一只兔子，屁股后面还跟了好几只小兔子，一蹦一跳，很悠闲、很快乐。这个地方一天到晚人来人往，可是不耽误兔子们繁衍生息，也不影响它们自在玩耍。它们早已习惯了这样的环境，见了人也不回避。这些兔子世世代代都是这样过来的，因而没有怕人的基因。

第二年太太从纽约过来，我们就搬到了学生公寓楼。搬进去的第一天，我和太太晚上出来散步，月色如水，空气凉爽，颇为惬意。当路过一个大垃

在加利福尼亚大学圣迭戈分校经常可以看到这种动物——山狼

圾箱的时候，突然从里边跳出一只黑白相间的动物，我大惊失色，慌忙后退几步，因为从小没见过这玩意儿，也不知道它咬不咬人。后来才弄清楚，它就是传说中的獾，中学时在鲁迅的小说中读到过。这种动物在加利福尼亚到处都是，可是在我的家乡早已经绝迹。

我们的宿舍与教学区有十几分钟的自行车路程，中间要经过一个深沟。有一天我骑着自行车回宿舍，天色已经擦黑，途经深沟的路段，看到不远处的灌木丛中有两个磷黄色的亮点。我一惊，意识到这是夜间活动的动物，赶紧加快脚步。

后来我就非常关注沟里灌木丛中的动静。一天，我终于发现了几只体型不大、样子似狗的动物，一打听才知道它们是山狼，不主动攻击人，甚至有些怕人，见人就跑开，主要靠捕食野兔子为生。这下我才恍然大悟，为什么那个兔妈妈会把它们的家安在学生宿舍旁。

在夜深人静时，常听到山狼的嚎叫，虽然它们的体型小，但嗓门并不低，声音同样瘆人。一天晚上，一只山狼竟然跑到我们楼下，这让我着实有些担心。山狼不敢攻击大人，但它们会不会伤害小孩，这个谁也保不准。我的女儿就是在这里出生的，所以我总是很小心，幸好我们在那里住了不久就搬走了。

当时，我曾问了同在那里住了多年的同学，他们大都浑然不知周围有山狼存在，他们也太专注学习啦。

后院里的獾群

在加利福尼亚大学圣迭戈分校拿到硕士学位之后，1996年年初，我们一家搬到了加利福尼亚大学圣塔芭芭拉分校，在这里我参加了一个美国国家科学基金项目的研究。据说这是加利福尼亚大学九个校区中最美的一个，一派田园风光。校园一边是巍巍的青山，另一边紧连着大海，在里边散步，不知不觉就走到了沙滩上。山与海之间是平阔的原生态草地。我们住的宿舍区，都是两三层的小楼房，红瓦白墙，在绿色原野的衬托下，散发出浓郁的乡村气息。

每年11月到第二年的4月，是加利福尼亚的雨季，这时花草丰茂，低洼地里都集满了水。从我的住处到办公室要骑20多分钟的自行车，一路上随处可见鸳鸯戏水，有一种人间美景唯我独赏的感觉。

刚到那里的时候，女儿才五个多月。我们家住在二楼，一天晚上我抱女儿在阳台上看房后的草坪，发现一群獾在蹦蹦跳跳寻觅食物。在夜幕的衬托下，它们两只泛着磷黄色的眼睛特别亮，似乎是一对一对的小灯，在欢快地舞动。这一幕情景吸引了还不会说话的女儿，每到天黑的时候，她就闹着让我抱上，指着要到阳台去看。这群獾也非常守时，每天都要来这里晃悠一阵子。女儿静静地看着，不哭不叫，我也很享受这种静谧的氛围和特别的情调。

校园里有个大湖，紧连着大海，里边有各色各样的野生水禽。有一种野鸟，体大如鹅，能高飞远走。我经常带着女儿来这里观鸟，就是在这湖边，我教会了女儿第一首诗。"鹅，鹅，鹅，曲项向天歌……"这么多年过去了，女儿那稚嫩的声音还不时回荡在我脑海里。

加利福尼亚到处都是野鸭子，不足为奇，但有一次遭遇让我至今难以忘怀。有一年的四月，雨季刚刚接近尾声，春暖花开。一天我打开后花园的门，迎面一晃一摇来了一群野鸭子，是一位鸭妈妈带着一群刚孵出的小鸭子，"嘎嘎"直叫朝我们的后花园走来。在半年的雨季里，鸭妈妈也不知道经历了多少艰辛，才养育出这群可爱的小鸭子。她大概是来向每家每户报喜来了，不知别人如何反应，起码是给我带来了很大快乐。

半夜被臭鼬熏醒

1996年秋季，我们一家来到斯坦福大学，我来这里读博士学位。斯坦福大学校园平阔，学校背靠几个不太高的山丘，山丘后面就是崇山峻岭，高大的红杉树漫山遍野。

我们虽然都是穷学生，但是住的都是别墅。我们的两层小楼的前面是一个停车场，后面有一个属于自家的花园。各家房子又连成一圈，中间是个很大的草坪，草坪的中心位置是个沙地，有滑梯、秋千等各种小孩游乐设施。

我住的房子，楼下是客厅和厨房，楼上是两间卧室。刚到的时候，晚上睡觉时常被一种莫名的刺鼻"香味"熏醒。很快，就搞清这是一种叫臭鼬的小动物发出的。白天不知道它们都躲在什么地方，只有深更半夜才光顾我们的后院，大概也是来寻找食物的。借着窗户的灯光，可以清楚地看到这些小动物，比松鼠稍大，毛呈黑色调，从头到尾巴方向穿插着几条白色带，尾巴总是翘着。过了不久，我们就习惯了这种味道，晚上睡觉再不被它们干扰。

梅花鹿来派对

在斯坦福读书期间，一个周末我们一家到学校的后山上野炊。刚把食品摆好，就看见附近的灌木丛中跑出来两只可爱的梅花鹿，我们还来不及惊喜，接着就是三只、四只……有二三十只。我屏住呼吸，小心翼翼，赶快拿山傻瓜相机拍照。可惜时间久远，这些照片都不知道哪里去了。

鹿在中国文化里是吉祥之物，但是我从来没有在野外见过。这次与鹿群的不期而遇，给我们的体验太神奇、太深刻了。2010年，我回斯坦福访学时，女儿来看我，我们又到斯坦福后山上寻鹿，果然看到远处山坡上有几只鹿正在吃草。2015年，我送女儿到美国读书，又来到这里寻鹿，又在路边看到了几只。每次都没有让我们失望，不知是我们的运气太好，还是这里的鹿实在是多。

鹿是很温顺的动物，真正凶猛的动物也离校园不远。从斯坦福大学开车往后山的方向走，不到半个小时就进入红杉树原始森林，在盘山的小道上行驶，会看到加利福尼亚大黑熊和山豹的路标，提示行人这里有野兽出没。还有一些路牌提示游人遇到这些动物时如何自我防卫。这些标示牌让人毛骨悚然，我的运气也足够好，从来没有遭遇过那种危险。

田园诗般的校园

与喧嚣的尘世保持一定的距离，拥有一个恬淡安静的心境，有利于读好书和做好研究。所以，世界上的一流大学，特别注重校园的原生态模样和营造田园情调。

戴月荷锄归：在斯坦福当菜农

到斯坦福读书，不种菜是一种缺憾，因为这个大学的别名就叫"农场"（The Farm）。斯坦福这个地方如果不建大学，肯定是个理想的农场，它是夹在山丘和海湾之间的一大片平阔地。

我说的"种菜"，可不是电脑前用鼠标"玩虚拟"的那种，而是真真切切的"汗滴禾下土"。大学管理者能想到给学生分块地种菜，这已经超越了大学的富有和慷慨的范畴了，不能不说这是种很另类的教育理念。

我在斯坦福读书的时候，一家就住在学校给有家属的研究生提供的住房区，房屋基本都是两层的。住房区周围有大片大片的绿地，但学校硬是划出一片地不种草，而给每家每户种菜。

斯坦福大学校园一角

地头上有水龙头供水，附近商店里就有各种菜籽、肥料和工具售卖。这里的气候四季如春，蔬菜常年都可以生长。当初想种菜是出于经济上的考虑，那时一家三口单靠我的奖学金过活确实很难，加上太太身体不好无法外出做工，就想自己种菜总比商店里买的便宜一些，能省一块钱是一块钱。我们开始种菜不久，父母就从国内来看我们，妈妈很会种菜，所以我们一家总有吃不完的菜，还经常送给街坊邻居。

在斯坦福种菜那段时间，陶渊明的"晨兴理荒秽，戴月荷锄归"的诗句就时时萦绕在我的脑海里。那个时候，我经常是一大早或者天快黑的时候才能到菜地忙一阵子，其他时间得上课、写论文。虽然种菜是为了省钱，但在客观上，这种体力劳动对我的学习和研究起了积极的调节作用。种菜的时候，精神放松，心情愉悦，想象力和创造力特别活跃，不少研究灵感就是在劳作的过程产生出来的。此时我才恍然明白，这大概就是学校分地让学生种菜的原因吧。

我在来斯坦福之前就读的两所大学——加利福尼亚大学圣迭戈分校和圣塔芭芭拉分校也同样有条件种菜。

加利福尼亚大学圣塔芭芭拉分校：山居魅力让诺奖得主主动落户

1996 年年初，我们一家从加利福尼亚大学圣迭戈分校搬到圣塔芭芭拉分校。我去过那么多校园，这里的自然环境应该说是最美的。

圣塔芭芭拉市背靠巍巍青山，面对太平洋，到处都是大片的原生态湿地，常年蓝天白云。为了不破坏天然风貌，市政府规定不允许建高层建筑，所以这里没有任何大都市的景象，远远看去倒像山居人家的大村落。

圣塔芭芭拉市气候温和，一年四季花开花落。每年四五月雨季刚过，各色野花争奇斗艳，主色调是漫山遍野的野生油菜花。每天骑着自行车从家里到办公室的路上，看到路两边的风景，就会情不自禁地想起陶渊明的诗句"采菊东篱下，悠然见南山"。

自然环境也是一个大学的财富。那时，我在那里参加一个美国国家科学基金项目的工作，项目的主持人是华裔学者李讷教授，他是大学"杰出人才聘用"小组成员。一天，李教授告诉我，一位日本学者来这里应聘，他一看这里的环境，就立刻决定来这里工作，并说工资多少不在乎。这位日本学者就是中村修二，他是 2014 年诺贝尔物理学奖得主。

杨柳依依：春到剑桥

在中国人心目中，剑桥是世界教育的圣地。2010 年 4 月，我到伦敦参加一个学术会议，决定抽出一天时间去一趟剑桥。原来我想剑桥大学应该是在伦敦的某个区，不是市区起码也是郊区，可是到那里一打听才知道，剑桥离伦敦还有好几十公里，要坐一个多小时的火车才能到。

那时正是初春，一路上经过一个又一个的乡村。英国的农村真美，树木葱郁，绿意盎然，到处都有清澈的河流环绕，野鸭子和野天鹅等飞禽悠闲自得地游弋飞落。下火车第一眼望去，剑桥就是一个大乡镇。

剑桥大学校区环绕着一条河道，河道里边是大学区，跨过河道的小桥，就是望不到边的森林和绿地，热闹的教学区与宁静的自然景色只有一桥之隔。

来到剑桥，除了看一看那美轮美奂的建筑，一定要坐坐那里的小船，感受一下河道上各色各样精致的小桥。用竹篙撑船的都是20来岁的年轻人，河道两边到处都是垂柳，正值初春，刚刚吐出新芽，春意盎然。偶尔看到校园的草地上三三两两地坐着年轻人，他们正在享受大自然的美。

经过一座不太起眼的小桥时，划船的小伙子介绍说，这是"数学家之桥"，传说100多年前一位数学系老师傍晚到附近的田园散步，突然想到一道数学难题的答案，但他怕事后忘了，马上在路边捡起一块石头，把解题思路记在一个桥柱子上，据说柱子上还写着这道题。的确，一个人走出办公室，离开劳作的案牍，到田园里放松放松，吸吸新鲜空气，一些百思不得其解的难题也许就豁然开朗。

野旷天低树：普林斯顿大学的恬淡

对于我来说，普林斯顿大学的名气多半是来自爱因斯坦，这位杰出科学家的后半生就是在这里度过的。

2010年，我利用学术休假的机会驱车去普林斯顿大学参观。普林斯顿大学所在地就像农村：一是它远离大都市；二是它周边的环境和交通跟乡村没啥两样。

离普林斯顿大学还有很远的距离，路就变成窄窄的村道了，两边是密密的绿树。路边时常可以看见一群群天鹅、大雁之类的飞禽，有的闲卧打盹，有的一晃一晃在觅食。一路上，我一直在纳闷，是不是走错路了？这哪像是去世界科学大师云集的高等学府和研究院所在地呀！

终于来到一个很精致的小镇，普林斯顿大学就坐落在这里。大学的建筑与小镇的风格和谐一致，小巧而精致。

普林斯顿大学的周边都是大片的树林和草地，到处都是原生态的池塘，穿插其中的是供人休闲散步的小道。过去这100年中的一个重要数学进展，就发生在这里。当时，该大学数学系的怀尔斯教授经常在这个地方散步，他在思考如何解答300年来的一道数学难题——"费马大定理"，最后他终于成功了。这一成就被誉为过去一个世纪最伟大的数学进步之一，怀尔斯被时任美国总统克林顿接见，他的事迹还被美国《时代周刊》用专文报道。学过数学的人都知道，解数学题是最耗脑力的，美丽的环境和清新的空气无疑会提高人的思考效率。

惊涛拍岸：加利福尼亚大学圣迭戈分校的恢宏

我到美国就读的第一所大学，是加利福尼亚大学圣迭戈分校。看到这个校园，我立刻想到的是陶渊明的这两句诗："少无适俗韵，性本爱丘山。"校园处在起伏跌宕的丘陵地带，到处都是深沟险壑，植被基本都是原生态的。

我第一次见到大海，就是在这个校园。校园的边上是陡峭山坡，下面就是一望无垠的太平洋。顺着山坡的小路往下走，快接近大海时，就听见轰鸣的大浪拍击石岸的声音。此时此景自然会想起苏东坡的两句词："惊涛拍岸，卷起千堆雪。"我在这里学习的第一个学期，经常来这里观海，一次竟看到一群海豚跳进跳出地嬉戏，姿势十分优雅。学校的海洋科学研究所就建立在半山坡上，这的确是个研究海洋的理想场所。

这所大学在美国西部，难怪在该校学习和生活的人，都富有牛仔的冒险精神和开拓精神。学校 1960 年才建成，却在短短的 50 多年里，有 16 人获得诺贝尔奖。

山坡跌宕，面向大洋，人们天天处于大气恢宏的环境中，想必会思路开阔，眼界变宽。在上海交通大学发布的"2016 年世界大学学术排名"上，这所大学排第 14 名。

少一点物质气息，多一分原生态韵味和田园气息，肯定有利于大科学家、大思想家的孕育。

校园不是风花雪月之地

大学不是风花雪月之地，而是增加知识、激发智慧之所，青春在这里闪耀，人生在未来出彩。

在中国，不少学生压抑着自己，高中苦读三年，就盼望着上大学自由解放这一天。一旦上了大学，不少人把感情的追求放在了第一位，学习则成了副业。所以中国的校园如同公园，成了浪漫之地，年轻人的娱乐场所。

我到美国读书之前，就听说那里的年轻人很开放，大部分的中学生都有性经验，推想他们的校园一定是很乱的。可是到那里一看，大大出乎我的意料，我在美国的三所大学读过书，参观过二三十所欧美大学，一次都没有看到学生在校园里亲热的场面，也几乎见不到谈情说爱的情景。

为什么美国大学校园跟中国的大不一样，看不到风花雪月的场面？我常思考这个问题，原因可能有几个。

第一个原因，美国大学生的居住环境宽松，生活空间大，本科生通常是两个人一个房间，研究生则都是一个人一个房间，而且也没有寝室管理员，男女同学相爱都有去处，用不着在校园里众目睽睽之下恩恩爱爱。中国的寝室管理员很负责任，男生不得自由出入女生宿舍，需要登记才放行，而且到了一定时间就关门。中国学生最大的问题是，很多学生住一个宿舍，20世纪80年代时一般是8个学生一个宿舍，现在条件虽然好了，但是也得三四个人一间。可以理解，这么拥挤的环境，加上严格的宿舍管理制度，校园里那些犄角旮旯就成了年轻人的约会之地。

第二个原因，是文化差异。美国人很注重隐私，对男女之事有两个方面的自律：一是一个人的私生活不愿让别人观摩；二是任何人都不能强迫别人观看你的"青春戏"。恋爱的青年男女不在校园里搂搂抱抱，这也是欧美人的文明表现之一。

关于性爱的场面，东西方的影视也有极为不同的处理方式。中国现在的电视电影，很多都有情爱片段，作为猛料来吸引人。然而这些影视在介绍里不做说明，一家三代人都在看，突然出现这些性爱场面，常常弄得大人小孩都很尴尬。这是一种对观众不负责任的做法。而美国在这上面有严格的规定，凡是大众可以随便接触到的电影电视，不允许有暴露的情爱场面。凡是有性爱场面的，都必须在广告的说明里提醒观众，而且根据暴露尺度的大小，建议什么年龄段的人才能看。这也是对观众的一种尊重。

第三个原因，也可能是最重要的一点，西方的大学学费昂贵，在学校的时时刻刻都是拿钱买来的，而且很多课程都需要阅读大量的资料，要做作业、准备课堂演讲，所以欧美学生没有那么多时间谈情说爱。不管是在吃饭的时候，还是在课后，在一起打打闹闹、说说笑笑的现象也很少，校园里最常见的是学生在静静地看书做作业。如果有几个学生在一起，也大都是在讨论与学习相关的事情。就是这种紧张和专心，使得美国学生后来居上，成为各个科学领域的杰出人才，而且数量最多。

还有一种现象，美国大学生很少有时间玩乐。我在校园里从来没有看见过有学生打扑克、下国际象棋的。这一点可以看出他们学习的紧张程度确实比中国学生高。我20世纪80年代在兰州大学和华中理工大学读书时，宿舍里都有围棋摊子，很多学生一天到晚都是在对弈。那时学校都有灯火管制，宿舍晚上11点左右就熄灯，那么这些围棋爱好者就点蜡烛挑灯夜战。我自己读研究生一年级的时候，也沉湎于围棋一年多，买了十几本围棋书，一天有三分之一的时间打谱对弈。这也反映出中国大学的教学问题，太注重课堂上的知识灌输，相对忽略了课堂之外对学生的自学和动手能力的培养。

在组织集体活动上，东西方学生有一个鲜明的对比。在美国的校园里，根本就没有什么舞会，也听不到什么音乐。斯坦福的校园是世界上最漂亮的校园之一，应该说是最适合搞文娱活动的，然而周末的校园静得怕人，啥动静也没有，不知道人都到哪里去了。美国的学生很热心组织各种学术性的团体，比如我们前面讲到斯坦福的"复杂系统理论研究小组"诸如此类的组织，活动非常频繁。然而中国的校园里，包括新加坡这里，大家的精力和热情常常牺牲在各种各样的文体活动上。

中国大学的校园里还有一道风景线，那就是聚餐很常见。这种风气为大学的周边创造了很多商机，各种规格的餐馆林立。而美国大学的所有商店都没有酒精饮料，连啤酒都不允许卖。美国的法律规定，到了21岁才能喝酒。很多大学对校园饮酒有严格的规定，如果晚会提供酒精饮料，必须事先向学校警察局报备，而且这种晚会不得超过晚上12点。抽烟就更不用说了，那里的抽烟者本来就少，校园里也禁止售卖，任何建筑内都不得抽烟，有烟瘾者只好到离建筑一定距离的地方抽。

在斯坦福前后四年，我在校园里只看到一次学生的娱乐活动。其实也就是一帮学生，在学校的树林里，搭起一个简陋的舞台，演莎士比亚的戏剧。他们非常投入，但是看的人寥寥无几。

从校园里的人文景观，特别是年轻人的风花雪月这些方面的显著差别，可以看出东西方大学学习风尚和教学理念的差别。这种差别产生的原因值得人们去认真思考。

生活空间影响创造力

身心安宁方能思考,学而不思则罔,只有思考才能获得新智慧。然而要做到身心安宁,必须有一个足够的学习空间。

大学是个思考问题、探求真理的场所,然而脑力劳动需要一个合适的环境,优美宁静的环境可以保证思维的效率。毫无例外,世界一流大学都特别注重校园的地理位置选择,精心打造适合脑力劳动的校园环境,让师生有个轻松愉快的心态,这样学生才能学好,老师才能做好科研。

首先,脑力劳动需要一个足够的生活空间。人们都有这样的体验,拥挤的环境、嘈杂的气氛,都很影响脑力工作,甚至根本无法思考问题。

一个学校的空间够不够,人数是不是超负荷,只要看宿舍、图书馆、餐厅的状况就行了。国内外大学的差距就在这些学习生活场所的拥挤程度上。一个大学的师生人数和空间是否合理,就看图书馆里有没有抢占座位,吃饭的时候会不会出现排长龙,会不会因为宿舍人数太多而经常休息不好。

住宿条件很重要,它既是学生休息的地方,也是学生学习的场所。斯坦福大学本科生是两个人一个房间,研究生都是一个人一个房间,有家属的研究生还是一家一套小洋房,上下两层,两个卧房,客厅、厨房、洗衣间、储藏室等一应俱全，门前有停车场，门后有小花园，附近还有小孩的游乐场。这样的住房条件就可保证，同学之间互不干扰，有家属的学生也能专心学习。我也在加利福尼亚大学圣迭戈分校、圣塔芭芭拉分校学习过，都具备跟斯坦福大学一样的居住条件。

跟美国这些大学相比，中国大学这方面的条件还有相当大的差距。我读大学的时候，是8个人一个房间，睡的是双层床。那时候大家很难休息好，这个人想睡觉，那个人要聊天，还有人要下棋玩游戏，步调很难一致起来。假如我读大学的时候也是两个人一个房间，那就一定有更多的时间读书，更多的心思想问题，最后的收获肯定也大。

美国像样一点儿的大学都给研究生提供办公室。1993年，我到加利福尼亚大学圣迭戈分校读书，那里的研究生是两人一间办公室。斯坦福大学的计算机系是最出人才的地方，培养了大批IT行业的精英，这与他们的学习条件是分不开的。我到过他们的系，每个博士生都有一间办公室。连我这临时去访问一年的访问学者，斯坦福大学也给提供一间小小的办公室，这大大提高了我的学习工作效率。我的《为什么中国出不了大师：探讨钱学森之问》一书就是在这间办公室写成的。假如没有这样的空间，我再有想法，也无法写成这本书。

在美国的大学里，老师的办公条件就更不用说了，即使刚来的年轻教师，都有自己独立的办公室。我到过美国各个级别的大学，都能做到这一点。现在国内大学老师的办公条件已经有了很大改善，个别条件好的大学已经能够做到给每个教授一间办公室，但绝大多数学校仍做不到让每位老师都拥有自己的办公室。其实刚分来的年轻教师，正是事业发展的关键期，更需要一个属于自己的空间，来高效率地做研究。

跟中国大学的师生关系相比，美国大学的老师和学生之间，有些方面的关系则显得非常密切，有些方面则非常疏远。

在讨论问题、交流学术方面美国大学师生之间非常密切，每个教授都有固定的办公时间，为学生来答疑。很多教授的门口都摆着几把椅子，学生们轮流排队跟老师讨论问题。在中国或新加坡，我只见过医院专家大夫的门口有这种情况，从来没有看到过学生在教授门口排队问老师问题的情况。他们通常不太喜欢找老师讨论问题，对老师都是敬畏三分而退避三舍。我在新加坡工作这么多年，几乎没有学生平时在我办公时间来问问题的，只有期末考试的时候他们才会来问一下有关考试的事。

师生之间的答疑和同学之间的交流都非常重要。其实，中国传统教育是很重视这一点的，孔子教育的成功之处也在于此。孔子上课就是采用问答式的，学生提什么问题，老师就讲什么内容。《论语》其实是一部孔子和弟子之间的问答集，有问政的，问仁的，问知的，学生不仅解决了疑难问题，老师也从学生的问题中得到启发，很多孔子的思想就是被学生问出来的。要实行问答式教学，就必须实行小班教育。根据史书记载，和孔子一起上课讨论问题的学生一般不超过五个，通常就是两三个弟子，所以孔子就用"二三子"来称呼他的弟子。结果孔子成了中国历史上最伟大的老师，而且培养出了一群杰出的弟子。然而现在的大学是学生多，老师少，一个老师带几十个研究生，几年下来，师生很难有深入讨论问题的时间，本科生跟老师的接触机会就更少了。师生之间缺乏交流互动，非常不利于人才的培养。

在教学和学术之外，美国大学师生之间的距离则非常远。谁也不跟谁亲密，谁也不过问谁的日常生活，谁也不会尝试利用其他手段给老师献殷勤，借以得到老师的好感。中国教育界有一句说法，老师和学生之间像朋友关系，其实一旦老师和学生成了朋友，情感就占有主导地位，就会影响教育的公正，压制求真精神。也许是西方人讲究尊重隐私吧，老师家里的事情学生一概不过问，老师遇到了什么困难，学生也没有义务去分担解决。准确地说，西方大学的师生关系，就是典型的"君子之交淡若水"，即使博士生和导师之间也是如此。

餐厅的空间和安静也能反映一个大学的条件。20世纪70年代末，我在国内读大学的时候，每天打饭的窗口就像春节时火车站卖票的窗口，过去二三十年，大学的条件改善了许多，然而跟西方大学相比，差距还很大。

一流的大学应该建在远离喧嚣都市的地方。随着都市化的加速，原来在城市郊区的大学逐渐被城市包围。最典型的就是哥伦比亚大学、芝加哥大学这两所老牌大学，它们都有辉煌的历史，但是光华已经逐渐消退，今日已经无法与斯坦福大学、普林斯顿大学这些学校相比。空间限制了这些老牌大学的发展，地理位置也降低了它们的吸引力。

大学虽然不能位于闹市中，但是也不能离现代化的大都市太远，保持一种若即若离的状态最好。都市与大学之间的互动，是促使教育科技发展的一条有效途径。因为都市的生活是当今科学技术的试验场，可以检验大学的研究成果，给大学有效的反馈。同时都市也是各种人才汇聚之处，也是大学保持活力的源泉。世界不少著名的大学都是坐落在大都市旁边的卫星城。

大思维需要大空间，复杂的科学探索需要一个安静的地方。中国的大学原来所建的地方是非常理想的，比如北大、清华，周边就是圆明园、颐和园，20世纪80年代周围还是农田，一派田园风光，但是现在全成了闹哄哄的商业区。校园虽然有围墙围着，但是墙外的交通噪声是无法堵住的，校园也就失去了昔日的宁静，非常可惜，因为这样的环境会影响学校的发展。

世界一流大学还有一个特征，那就是没有围墙，校园与四周的自然环境浑然一体。有了围墙，既限制了别人，又限制了自己；既限制了生活空间，又限制了思维空间。

一所优秀的大学，必须从方方面面为学生提供思考交流的空间。世界一流的大学必须建立在一个开阔的空间之中。

让师生拥有一种优雅的生活

世界一流大学既是大师云集之地，也是培养未来大师的地方。优雅的生活才能保障潜在的大师不夭折；日日为稻粱谋，就难以产生大思想家和大学问家。

子曰，"君子谋道不谋食"，"君子忧道不忧贫"。可见，孔子是活在理想世界里的圣人。在现实生活中，一个人要"谋道"要"忧道"，必须首先解决好生活问题。

要办好一所大学，首先要做到让老师和学生衣食无忧。如果老师过着穷酸的日子，怎么能安心搞好教学科研？如果学生天天靠打工赚外快来学习，怎么可能取得好成绩？确实，有人到美国是靠打工赚钱来读书的，然而要上名牌大学，靠打工读书是不现实的。原因有两个：一是像哈佛、斯坦福这些大学的学费高得惊人，一年的学费就四五万美元，外加食宿费，这是一笔惊人的开销，这即使对美国中产阶级来说都是一个不小的负担，靠干体力活打工赚钱是不可能支付得起这笔费用的；二是好大学的学习要求也高，课外要读大量资料，做很多作业，还要做研究并写出高质量的论文，所以一个人必须全身心投入才能完成学业。正是基于这两点考虑，优秀的大学要录取学生，就会给他们提供充裕的奖学金，保证他们能专心读书。

就拿我自己的经历来说吧。1996年，我得到了斯坦福大学4年全额奖学金，不仅免去了一年几万多美元的学费，每月还给我一千多美元的生活费。那时候我们一家三口人就靠这个奖学金过活了。斯坦福大学所在地是硅谷的核心，IT行业的风云人物多居住在这个地区，所以这里是美国富人的汇聚地。作为一个研究生，我就在富人区过着这样的生活：住着二层楼的联体别墅，上面是两个卧房，下面是一个很大的客厅，还有厨房、洗衣间、储藏室等，门前有很大的停车场，门后有花园和小孩的游乐场。我们还有一辆二手的汽车，周末出去买菜，有时到海边野炊，生活也很快乐。即使我现在已经工作多年了，想起那时候的学生生活，还非常神往。

在斯坦福读书时所住的学生宿舍

左边这一栋房子就是我那时的家，楼上有两个房间，楼下是一个客厅和一个厨房，还有阳台和后花园，而且还有大片的草地供小孩玩耍。这样的居住条件为我的学习和博士论文写作提供了保障当然，并不是美国的每所大学都能够给研究生提供这么好的条件。美国大学的档次也很多，像斯坦福这样富有、慷慨的大学毕竟是少数。加利福尼亚大学圣迭戈分校也算不错，在世界上的学术成就也能排在 20 名左右，但其财力远不如斯坦福大学，给学生提供的资助也就非常有限，绝大部分研究生都拿不到全额奖学金。我 1993 年去该校读书时，那年语言学系招了 12 个博士生，到了第二年就只剩下 3 个，大家离开的主要原因就是拿不到资助。我还比较幸运，是三人之一，是因为在该校华语中心申请到了一个助教职位，虽然报酬不错，但赚来的钱大部分要用来交学费。因为加利福尼亚大学是公立的，财政主要来自州政府的资助，外州和外国人都要交高额的附加学费，那时我的学费是一年 7000 多美元。交了学费后剩下的钱，每月不到 300 美元可用于自己的生活。我的房费每月将近 200 美元，国内家里也无任何能力资助，所以每星期的生活费要控制在 30 美元以内。每星期的荤食就是一只鸡，因为鸡肉是最便宜的，有时两美元就能买一只。那时大部分时间和精力都花在教汉语上了，一个星期要给美国学生上 8 节中文课，既要备课，又要批改作业，几乎没有精力来学自己的专业，每天疲于应付。所以在圣迭戈的这两年很锻炼人，磨炼了我的意志，后来什么苦都不怕了。如何保证学生培养质量，斯坦福大学是正面典型，加福利尼亚大学是反面典型。

往事不堪回首，这是我想起在圣迭戈分校那两年半生活的感受。那时因为饮食上单调，营养缺乏，所以脑子常常是昏昏沉沉的，时常感觉浑身乏力。自己的专业根本就没有精力去学，刚到美国，英语能力还不能适应教学要求，这种日子也没有精力再去提高英语。加上女儿晶晶又在到那里的第二年出生，生活的压力已经超出了我的承受能力。所以在那里待了两年多就支撑不下去了，只好另谋出路。我离开圣迭戈分校时，跟我一年去的 12 个同学就只剩下一个了。

像加利福尼亚大学圣迭戈分校这样的学校要培养出优秀的博士生是很难的，因为它没有给学生提供一个稳定的生活条件，学生无法专心于自己的学业。不过，现在回想起来，我离开圣迭戈分校是正确的，否则根本读不好博士，在学术上也难有建树。

读博士学位是一个人教育生涯的最后一个阶段，是人才成长的关键期，这个阶段的教育成败直接关系高端人才的培养质量。所以大学应该给博士生提供良好的经济条件，让他们过上无忧的生活，使得他们能够专心于自己的学业。

总之，中国高等教育要发展，政府必须做好"谋食"的工作，保证师生有个优雅的生活，这是建设世界一流大学的前提。

出大师的校园环境

一所大学要培养出大师,就必须首先拥有大师,让大师的智慧点亮学生的心灵,使年轻的学子从学生时代就能开始思考科学前沿的问题。

大学是培养人才的小生态环境。那么,什么是"按照科技发明创新来培养人才"的大学,就让我们看看当今最著名大学的成功范例,以资借鉴。

大师不是天生的,也不是单靠自我奋斗就行的,必须有一个孕育成长的环境。我把这个环境分为大小两种:"小生态环境"指的是大学(包括中小学,这里主要谈大学),"大生态环境"指的是社会和历史。先看"大学"这个小生态环境。

首先,要让学生看到大师长得是什么样子,让年轻的学子知道,大师既不神秘,也不遥远。斯坦福除了自身大师云集,每年还把各个学科最优秀的学者请来讲学。下面只讲2010—2011年学年度我在斯坦福访问期间亲历的几件事。

在这次访学期间,我有机会听了物理、数学和心理学系举办的多个高端学术讲座,邀请的都是各自领域的大师级的风云人物。这里先介绍数学系

2010年秋季和2011年春季请的两位学者，估计大家会更感兴趣，因为他们都是华人，也是仅有的两个获得数学界最高奖菲尔兹奖的华人学者，一个是加利福尼亚大学洛杉矶分校的陶哲轩，一个是哈佛大学的丘成桐。

我没有能力评价他们的学术成就，也没必要去评价，只能说可以多少欣赏一点儿，看个热闹而已。

陶哲轩一共讲了3次，我全参加了，两次是针对数学专家的讲座，技术性太强，我基本听不懂。只记得他讲了一个概率规律，当事件趋于无穷大时，很多规律才能显示出来。他给大众做了一场讲座，题目是"宇宙的梯子"，讲述西方学者从古希腊到现在，如何利用简单的初等数学知识来计算各种天体的大小及它们间的距离，这个我基本听懂了。事后为了搞清楚其中的细节，我还向陶教授索要了他的课件，陶教授毫无保留地送给了我。

陶教授的讲座是在两层高的超大礼堂里，类似一个歌剧院，但是座位还是不够，走廊上站的都是人。事后，斯坦福学生的评价是：陶教授是活着的人中最聪明的。我听了陶教授的报告后，立刻在我的学术生涯中多了一位佩服的人。陶哲轩20岁获得普林斯顿大学的数学博士学位，24岁被加利福尼亚大学授予正教授，30岁获得菲尔兹奖。但是这种人往往有能力上的"短板"，他三次讲座没有一次是把衬衣整整齐齐抽在裤子里的，这大概就是所说的"是真名士自风流"。

丘成桐的讲座相对比较好懂，主要讲他的成长过程和介绍自己的一本新书。不光别人认为他牛，丘教授自己也认为自己牛，他的开场白是："我为有机会来这里演讲感到很骄傲，希望大家为我的到来也感到骄傲。"第一句可能是客套，第二句话才是真心话。不过丘教授也有这种底气，更有这种资格，我就为能有机会聆听丘教授的讲座而自豪。讲座之后，我还买了丘教授的一本书，恭恭敬敬让他签了名。这是我第一次这样做，以前都是别人买我的书，让我签名的。

丘教授主要介绍他的成长过程和线性理论（string theory）。丘教授的成长过程有两点很值得借鉴。

第一，在读书期间敢于挑战自己，听自己完全不懂的学科。在加利福尼亚大学伯克利分校读博士期间，他上了一门物理课，让他最痛苦的是整个教室的学生中，就他一个人一个概念也听不懂。恰好就是这门课，他搞懂了一个概念，最后在数学上做出了重要的突破。

第二，要在数学上有所突破，就必须走出数学，不能只搞数学。他的新理论主要是根据当代物理学的进展，对微观世界做深入研究，而做出的数学模型。听他的报告，让我感到印象最深刻的是，跟小说虚构情节一样，数学也可以凭想象虚拟出一个系统来。丘教授讲，虽然还没有为他的理论找到现实模型，还没有得到实际应用，但是他相信会有这一天的。

丘教授的新理论给我们另外一个启发，虽然科学发现需要想象力，但不是狂想。数学的新概念、新思想，往往是受其他学科新进展的启发。如果没有物理学对微观世界的各种突破，也可能没有丘教授的新数学理论。相反，很多物理学的重大发现，也要借助新的数学工具。所以说，科学是个系统，既互相促进，又互相制约。一个国家，没有全局性的科学发展，也不大可能在某一个学科领域做出重大的突破。

这里讲一个花絮，说一说丘教授与红葡萄酒，这也与做学问的风格有关。丘教授不仅做学问出类拔萃，而且也潇洒倜傥。他讲座时旁边放了一大杯红葡萄酒，边讲边喝，讲完了，一杯葡萄酒也喝得差不多了。这是我第一次见有学者在讲座的时候喝葡萄酒，而且还是个数学家，大大改变了我长期以来的一种观念。以前，我一直认为，只有诗人或文学家才可以喝了酒工作，以便有灵感写出朦胧诗、有想象力的作品。因为酒兴可以压制住一个人的理性思维，一个人太理性了就无法成为文学家，只能当科学家。现在我认识到，数学也可以当作诗那样写。其实，丘教授的新书《内空间之形——弦理论和宇宙隐藏维度之几何学》就有几分像诗歌，优美、流畅、富有想象力。

美国人做学术研究很洒脱，传播学术的方式也很洒脱，经常是边吃边喝边谈论学术。2010年秋季，斯坦福的哲学系请一位剑桥大学的教授来讲座，我也参加了。他们买了葡萄酒、水果和食品，听众都在大口地嚼，大杯地喝。因为空腹，我是一杯下肚就上头，晕晕乎乎地听讲座，别有一番体验。主讲者报告完之后，也开怀畅饮。我觉得，不把学术看得太正经，在这种轻松的气氛中交流，也许在不经意之间能激发出灵感。

太拘谨的人，是做不好学问的。从陶教授讲座的衣服穿不整齐，到丘教授讲座喝红酒，到哲学系讲座边吃边喝，给我一个启发：做好学术，要在精神上放得开，要洒脱。很多大师在别人看来，都有些不正常，实际上反映了他们较少有世俗的束缚，是高士的风流。

再看看学校的装饰美化方式。中国的很多大学，走廊里、大厅里都是名画、山水照，也有不少字画，更多的是励志的标语口号。比如，我看到一所大学的教室的走廊上挂着这样的画——维纳斯、金字塔、卢浮宫、敦煌壁画，展示的都是些历史文物和风景名胜，而且都是镶嵌在漂漂亮亮的镜框里。不让墙空着这是共同的，然而东西方大学的墙壁装饰方式和内容则大不一样。

我特意观察了斯坦福的语言学系、心理学系、物理学系、计算机系，它们墙壁的主要位置，都是介绍本系教授和其他大学教授最新的研究成果，并不仅仅是摘要性质的文字介绍，而是把详细的数据、推导过程、主要的结论展示出来，相当于一篇论文的缩写。纸张很大，内容很多，需要耐心才能弄懂，并不是走马观花瞟一眼就行了。

地理系的走廊就像一个地质博物馆一样，陈列着各种矿石的样品，还有很多介绍本系师生野外考察情景的照片。

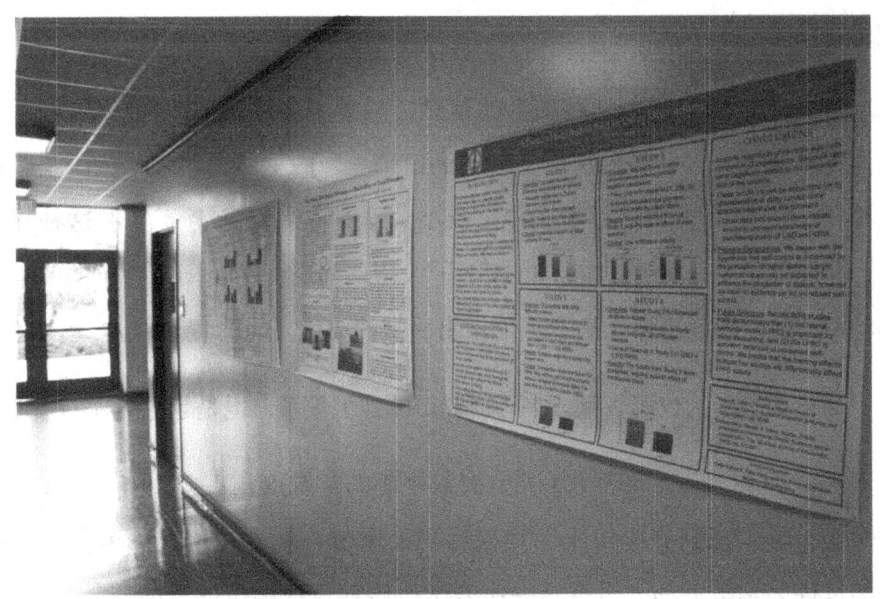

斯坦福大学心理学系大楼内部

斯坦福大学心理学系一直称霸美国高校。走入心理学系大楼，只见这些心理学实验成果展示图，这让学生沉浸在浓郁的学术氛围中，长期耳濡目染，逐渐培养起对该学科的爱好。

最奢华的就是物理系的走廊，墙壁上到处都是大型的彩色屏幕，不断转换画面，展示着各种微观世界的结构，确实给人一种非常新奇的感觉。美的东西往往是有规律的，不论是视觉、听觉还是味觉都是如此，自然界的各种规律富含审美价值。

中国的大学常用艺术品来点缀校园，斯坦福大学则是用本学科的发现和规律来装饰走廊。这两种风格会给学生带来不同的潜移默化的影响。

写到这里，我不禁佩服，美国大学在培养学生的学习兴趣和责任感方面，真是煞费苦心，让学生在不知不觉中形成对科学的挚爱。

大学网页上发布的消息、讨论的内容，东西方大学也是截然不同。我经常浏览美国几所著名大学的网站和很多系科的网站，内容单纯得不能再单纯了，似乎他们只做一件事——学术探讨。内容主要有这几类：讲座或者学术会议的信息、新来人员的介绍、老师们取得的成果和荣誉、针对某一话题的学术争论。

相比之下，中国大学网站上的信息，门类繁多。例如，领导活动新闻、各类福利通知，以及各种课题、职称的申请。国内一所著名大学的院长跟我这样说，他整个学期就写了个论文摘要，全忙于行政事务了。在这种环境下，即使你是一个大师的料，也成不了大师。相反，在美国这种单纯的学术环境中，即使智商不那么高，也能做出一定的成就。

宽松而温暖的校园气氛、平等而和谐的师生关系，也是孕育大师的条件。

在我看来，西方的师生关系有时候平等的都有点儿不合人情了。在开会的时候，学生先到有座位坐，教授后到没座位，就坐在地上或窗台上。我参加过许多学术活动，没有见一次有学生给教授让座位的。即使是70多岁的老教授，也只能坐地上、坐窗台上，我看了心里都过不去，但是在这种文化氛围之中，我也不好意思出格。不过有一点儿可以放心，这些教授绝对不会不高兴，认为这些学生不懂事、没礼貌，更不会因此对你有看法。

早上上课前见到老师，不要说没有"起立""敬礼"这些环节，就是相互说一个"Good Morning"也没有。你也不用讨好我，我也不用讨好你，都把各自的事情做好就行了：学生学好自己的功课，老师教好自己的书。

学生称呼老师，不要说称呼官位，就是老师的头衔也不叫，可直呼其名。学生称老师以名，老师称呼学生以名，就像同学或同事之间那样平等。你想，作为一个学生，能在形式上跟大师平起平坐，那是一种什么感觉！久而久之，自然可以获得自信。

其他方面平等，学术讨论中也是谁也不让谁，真理面前人人平等。在学术讨论的场合，每个人都是自由的、独立思考的个体。在这种场合礼让老师，看起来是一种好品德，实际上是不利于科学求真的。

多元文化背景的教师结构和学生来源，也是产生灵感、激发创造力的因素之一。学习和学术研究也是如此，学术背景过于单一，不利于重大的、持久的科学突破。美国的社会环境和经济实力，能够把世界各国最优秀的人才吸引过来。学校办好了，也能吸引各个国家最优秀的学生来读书。一个学生，或者一个老师，置身于这样多元化的背景，相互切磋，他们的视野、他们的胸怀、他们的思路就会大不一样。

精良的图书情报资源和为师生着想的服务意识，也是必需的条件。例如，斯坦福大学的图书馆，与哈佛大学、加利福尼亚大学伯克利分校等著名大学的图书馆之间签有协议，资源共享，老师和学生都可以跨馆借书。图书馆的开放时间要配合老师和学生的习惯，大学的主要图书馆都是从早上八点到半夜十二点，周末和期末考试时间，一周开放七天、一天开放二十四小时。图书馆里边设有沙发、讨论厅，供读者小憩或者讨论问题。图书馆附近还设有咖啡馆、餐厅，方便连续作战者。

斯坦福自身就是个大师云集之地，什么样的荣誉都有，什么样的人才都有，然而还是会邀请其他大学的名人来交流，想尽一切办法来让学生接触各个领域的最新思想。

还有一个容易被人忽略的因素，那就是空间。这包括休息的空间、讨论的空间、吃饭的空间、散步休闲的空间，只有具备了这些空间，才能保证学生的思想空间。课堂上只是接受知识，要消化、理解知识，让知识在大脑中发酵，特别是要激发灵感，最佳的时机则是吃饭、睡觉、散步的时候。孔子说"学而不思则罔"，然而思考必须有一个安静的环境。历史上很多大的科学突破，都是在休闲的状态下做出的。

总之，美国校园的氛围跟我们有太大的不同，他们培养出来的学生品格也跟我们的差别很大。希望以上论述能对我们大学的管理者有借鉴、启发之功用。

大学就是温暖的家

世界一流大学就得像一个温暖的大家庭,气氛温馨,人人友善,令师生身心愉悦。相反,如果一所大学里到处都是牢骚的话,人与人之间的关系紧张,那就说明该大学在管理上肯定出了问题,也不会办得多出色!

很多人可能会这样想,世界著名的大学一定是管理严格,气氛紧张严肃,每个人都是冷冰冰的,在肃穆的气氛中做着各种各样的科学实验。其实,真实情况正好相反,越是著名的大学,越有人情味,甚至照顾到学生的家人,让每个人都感到它是个温暖的家。

从申请学校时就可以感到大学的温度不同。我曾先后被美国的四所大学录取。一般大学都是给寄一封录取通知书,再附加一些与学习有关的材料,公事公办,没有什么题外话。然而斯坦福则很有人情味儿,不仅给我发了一封录取通知书,寄学习材料,而且系主任还专门来一封信,表达恳切的愿望,希望我能选择到他们那里学习,并介绍了很多生活的信息,诸如斯坦福的自然环境如何优美,气候条件如何宜人,社区如何欢迎其他国度的人等,没到斯坦福之前就感到扑面而来的温暖。在一般人看来,这样大牌的学校该是最有资格摆架子的,因为想去那里读书的人很多,他们最容易持这种态度——你爱来不来,我不担心没人来读书!但是实际情况恰好相反,斯坦福给被录取的学生第一感觉是"我们很需要你这个特殊人才"。像斯坦福这类学校，它们是以诚恳的态度聘请最优秀的老师来工作，招最优秀的学生来学习。

到了斯坦福才知道什么是慷慨大方。即使我们这些博士生，也可以跟教授享受一样的待遇。每个研究生都有系里机房、办公室的钥匙，里边各种各样的办公用品都有，什么时候需要就什么时候去拿，而且打印文件、复印东西都是免费的。我去过多所大学，即使现在工作的新加坡大学，不要说学生，对老师都没有这么慷慨，打印复印都要向老师收费。不论从物质上还是精神上，来到斯坦福就像到了自己家，感到自己就是这里的主人。当然，这也与大学的财力雄厚分不开，同时也反映出大学管理者的心胸。

一些事情看起来不大，然而可以让你记一辈子。给我印象很深的是在斯坦福办成绩单、学位证书等官方证明，都是免费的，要多少都行。而且，效率很高，两三天都能办好。这些证明材料都是水印防酸化的棉制纸张，还有学校的印章和特殊的防伪设计，成本不低，但是学生可以不花钱。相比之下，国内大学在这方面就小气多了。我出国办手续，也需要成绩单、学位证书等，记得当时是自己复印打印，学校盖一次公章收费10元。要知道那个时候我的月工资才90来块钱，办几张成绩单就得把一个月的工资搭进去了。

我特殊的家庭遭遇，使得我有机会更深一层感受了斯坦福的温暖。1996年，我在加利福亚尼大学圣塔芭芭拉分校做研究期间，我太太患严重肾病，经过紧急抢救最后总算稳定下来。这一年的下半年我们一家搬到斯坦福，就靠我一个人的奖学金过活，我太太的病就靠吃中药维持。到了1997年的下半年，我太太的身体越来越糟糕，到斯坦福大学医院一检查，身上的尿毒含量已经超过正常人的10倍，再拖延下去就有生命危险。当时我听到这个消息，就像被雷击一样，抱着两岁多的女儿，腿一软差点儿摔在地上，赶紧靠在医院的柜台上，这才勉强支撑着没有倒下。大夫告诉我们准备肾移植，可是这种手术的花费对于我们来说就是个天文数字。本来生活就够紧张了，根本没有能力来面对这种灾难。

当时我的系主任知道这件事,就告诉我大学有一个"紧急援助计划",用以帮助那些突发灾难的学生渡过难关,他可以向校方写推荐信帮我申请。这个紧急援助基金涵盖学生及其家属,资助上限本来是 5000 美元,他们破例给了我们 1 万美元。我们就是靠这笔钱,请我太太的妹妹来美国捐了一颗肾给姐姐,外公外婆来照顾女儿,还用这笔钱给我太太买了医疗保险,这才能够为我太太做了肾移植手术。正是因为斯坦福这种周到的考虑,设立了这种特殊的资助项目,才保住了我太太的性命,也保住了我的学业。

我不知道,国内有哪所大学能为学生考虑得这么周到,对学生这么慷慨?斯坦福这个特殊援助计划不仅考虑到学生本人,还照顾到学生的家属。

因为家庭的压力,我在斯坦福只读了三年就拿到了博士学位,而我们系平均是 6 年半才能拿到博士学位。三年期限也是斯坦福规定的最短博士学位学习时间,也就是说不论一个学生多聪明,做出的成就有多大,都必须在学校待够三年才有资格拿到博士学位。本来大学给我提供了四年的奖学金,因为我提前一年就毕业了,这就给大学省去了一年的奖学金。我走的那年夏季,学校还从最后一年的奖学金中拿出一个学期的给我,等于给我"提前毕业奖励"。这种政策极富有弹性,极富有人情味,令人难以忘怀!

要说新加坡国立大学也很不错,给博士生的资助每月相当于 1 万多元人民币,跟国内的博士生相比,算是富人了。大学给一个博士生提供四年奖学金,加上免学费,也是很大一笔钱。读书期间,学校还给博士生提供其他经费,资助他们到国外开会或做田野调查。然而一些细节规定就可以看出这所学校与斯坦福的差距了。比如,学生一旦提交了博士论文,学校就把奖学金给停了,然而审查论文往往需要好几个月的时间,这中间学生就得靠以前的积蓄来过活,或者到外边打工挣生活费。而且新加坡还规定,凡是拿大学奖学金的,要签一个合同,毕业后必须在新加坡工作若干年才能离开,否则要交培养费。然而我在斯坦福读书，几年下来，连学费带生活费，总共有20万美元左右，我毕业后到什么地方工作，也没有任何限制，完全是个人的自由。

欧美的大学办得好办得大，跟这种气度不无关系。华人的大学办不大，也跟其气度有关。

美国大学的老师常把家"带"到校园，学校的办公室就是家庭的延伸。我在斯坦福读书期间，系里有一位老教授，每天来学校办事的时候都带着自己的小狗。斯坦福的校园里，狗的品种有很多，既有宠物狗，也有导盲犬。此外，还有不少野生动物时常来光顾校园，包括梅花鹿、獾、鼬等，大学真成了动物的乐园了！这些动物也把斯坦福当作自己的家了！

每年大学毕业典礼那一天是最喜庆的日子，每个毕业生的父母兄弟姐妹能来的都来了。学校到处都是免费的饮食，可以吃了这家吃那家。我的毕业典礼还出现了一个花絮，成了我和女儿的一份珍贵记忆。学校举办完全体毕业生典礼以后，各个院系分开授予学位。我们几个文科院系在一起，毕业生一个一个上台，领取毕业证书，戴上博士佩带。那天我们全家都去了，那时女儿晶晶只有四岁，坐在下面的晶晶看到我走上了讲台，嘴巴里大声喊着"爸爸，爸爸"也跑上来了。这时候我急中生智，把晶晶抱了起来，接受证书和导师握手。整个礼堂中的观众被这突如其来的"变故"惊呆了，先是一阵寂静，接着就是雷鸣般的掌声！一个永远难忘的时刻！我的眼圈湿润了。

在我后边的一位美国同学，受我和女儿的启发和鼓励，上台领证书时，干脆直接抱着女儿上去。自然也被大家报以热烈的掌声。大家不要小觑这个小小的花絮，它折射出的是一种教育理念，那就是生活中有学术，学术中有生活，也反映出了他们科学追求中的人情味儿。

这是美国的一种文化，其他校园也是如此。我于1996年年初到圣塔芭芭拉分校跟李讷教授做研究。李教授是大学研究生院院长，行政工作十分繁忙。第一次见到他的时候，他将我带到一间宽敞的研究室，书架上摆满了各种图书资料。李教授一边把研究室的钥匙给我，一边说道："把研究室作为你的家。"李教授给我布置任务经常就是在路上、电梯里，讨论问题就是在饭桌上。有的时候周末或一大早，会突然接到李教授的电话，兴高采烈地告诉我他的新发现。

把单位作为家，是美国的文化，不仅学校如此，公司的情况也类似。乔布斯就是经常把研究人员带到自己家里讨论问题，苹果公司的一款电脑设计，就是乔布斯跟设计主管在自家花园散步时，看到向日葵而产生的灵感，设计出了一款可以自由摇动的屏幕。后来这个发明还申请了专利。同时，乔布斯还经常把自己的儿子带到公司参加一些重要的会议，让儿子了解他是如何工作的。

在轻松、温暖的气氛中，人们的思维最活跃，最容易产生灵感、想象力、创造力，可以处于最佳的工作状态。这就是为什么一流的大学像一个温暖的大家庭，也只有在温暖舒适的氛围中才能孕育出一流的大学。

大学的关爱换来校友的慷慨

大学是个温暖的家,今日对学生施以关爱,日后会得到学生的慷慨回赠。世界知名体育品牌"耐克"公司的创始人之一菲尔·奈特,于1962年毕业于斯坦福大学商学院,2016年他向斯坦福大学捐赠了7.5亿美元,设立了一个研究生奖学金计划。

2010年,华中科技大学校长李培根在毕业典礼上这样说道:"什么是母校?就是那个你一天骂它八遍却不许别人骂的地方。"这句话道出了大家对母校的共同感受,成了关于"母校"的经典定义。

我在中国读了两所大学,前后共7年。我就是在华中科技大学读的研究生,还在那里工作了三年。它给我留下了美好的回忆,也是最为学生着想的学校之一。即使如此,尚且免不了天天被学生骂。

我在美国也读了两所大学,前后共6年,斯坦福是我博士生的母校。我从来没有听到学生抱怨学校的,更没听说有人骂学校。要说斯坦福大学的学费在20世纪90年代已经是2万多美元了,对于绝大多数人来说都是一个大负担,学生更容易带着挑剔眼光看待学校的事情,更容易发现不满之处。那么,学校是怎样做到令大家都满意的呢?

第一，精良的学术队伍、一流的设备和美丽的校园，让每一个来到这里的人都觉得这钱花得值，为有机会来这里学习感到骄傲，为学校给自己提供的美好前程而信心满满。

第二，老师的敬业精神。学校虽然拥有一大批世界顶尖的学者，但是他们不是高高在上，只作为学校的招牌挂在那里，而是直接站在教学的第一线，为大学生上课。每个学生都可以得到他们的教诲。大学的老师都做最好的准备来上好每一堂课，对学生的问题都能及时处理，给学生及时的反馈。

第三，全方位、多角度满足学生的成长要求。学校开设的课程门类极为齐全，除了专业知识，还有各种各样的课程，如演讲技能、求职准备、高尔夫课，等等。不管什么样的学生都能找到他们满意的课程。

第四，为学生着想的服务理念。比如很多学生在学习的过程中，特别是毕业时，需要成绩单、毕业证，学校统统都是免费办理。食堂吃饭、书店买书，学生都特别受到照顾。

第五，慷慨为学生。大学和研究生的学费是很贵，但是经济上困难的学生，都可以得到各种各样的资助。特别是到了研究生阶段，大部分人都有资助。一个有家庭、有小孩的博士生，学校给的资助就可以住上小别墅，前有自己的停车场，后有自己的花园，还有专门供小孩玩耍的游乐场；剩下的钱，如果计划得好的话，还可以够一家三口人吃饭。

第六，学校能提供走向社会后最需要的技能和知识。学生凭借学校学来的知识，可以得到好的职位、好的待遇，具备很好的竞争能力和生存能力。

第七，学校有自身的文化特色，让学生走出校门后永远难以忘怀。斯坦福给我留下最深刻的两点是温暖和信任，特别是那美丽的校园。

第八，学生得到老师的注意程度。斯坦福大学研究生班级大部分都在10个人以下，70%的本科生班级都在20人以下。这样每个学生都可以得到老师的关照，每个学生有充分的时间向老师请教问题。

第九，校园建设。斯坦福大学的校园是世界上最美丽的前10所大学。在我离开斯坦福的10年中，真是魂牵梦萦，多次在梦境中回到这里。

斯坦福每年从学生那里收来的学费，只占学校总开支的20%，还有一小部分来自政府的资助，绝大部分是校友的捐款。斯坦福具有得天独厚的优势，有很多富有的校友。1991年，在庆祝100岁生日之际，斯坦福实现了美国大学中有史以来第一个"10亿元校友捐助"的目标。有了充裕的资金，就可以吸引优秀的学生，培养出社会精英，他们将来走出校门富有了，还会回馈母校。

我总是在想一件事，斯坦福为了培养我这个博士，在我身上花了二三十万美元，我毕业后去哪工作都是个人的自由，它这样做到底图的是什么？在我看来，学校是整个社会最大的慈善机构，为社会输送各种各样的精英人才，造福于社会，但是它们并没有向社会索取什么。所以学校最应该得到社会的关爱。

此外，为什么美国大学的捐赠特别多，这跟美国人的价值观念不无关系。美国人一般不把财富留给子女，子女的将来让子女去奋斗。而且他们富了以后，一般也不讲究奢华的生活。很多人的奉献精神是难能可贵的，把自己大部分的家产都捐给了社会。这种风气应该提倡，特别是培养一种意识，捐赠并不是少数富人的事，每个人都可以根据自己的能力尽一份力量。

中国大学毕业生的母校观念普遍比较淡薄。举一个例子，中国商人张磊2005年毕业于耶鲁大学的管理学院，2010年在他事业成功以后，给耶鲁大学捐款888.888万美元。在张磊看来，是耶鲁改变了他的一生，除了金融知识和企业家精神，耶鲁教给了他自由和给予精神。而据耶鲁校友会博客透露，在张磊创业之初，耶鲁也在资金上资助过他。我很能理解张磊的心情。如果我也经商，富了，首先想到的也是斯坦福大学。很多国人都会认为这是一种不爱国的举动，为什么不捐给自己祖国的学校呢？当然，张磊后来也给自己的母校中国人民大学捐了款。

这里就谈一谈我的观感了。探讨一下中国大学的母校感情何以淡薄。

第一，学校因为经费紧张，所以针对学生的各种收费现象普遍存在。只举一个最"伤感情"的例子，有的大学的研究生，特别是博士生，请外审专家，论文答辩的费用都要学生负担。这就好比儿女在家里住，父母都要收食宿费一样，这样的孩子离开家以后，哪还会老惦记着家呢！

第二，学生多，老师和学生无法深入了解与沟通，难以建立起师生感情。我于1986年读研究生，同一专业只招收了两个硕士生，经常跟老师讨论，晚上到老师家问问题，那时候的师生关系非常亲密，这么久还保持着联系。而现在同样的师资，博士生、研究生加起来一两百人，比我们那时候全国同专业的研究生加起来都多很多。这就好比有的非洲的酋长一样，一个人有几百个孩子，父母不稀罕孩子，孩子也不在乎父母。

第三，资金分配不合理，学生的很多活动得不到资助。这些年来，很多大学都大兴土木，用于学生培养方面的经费少之又少。2010年6月，我到武汉大学做了一次"儒家教育思想与中国的教育"的讲座，是大学的团委组织的，事先就问我没有报酬愿意不愿意来，我说没问题，只要有人听就行。最后同学们送了我一个瓷杯，上面有"珞珈论坛纪念"，我就把这份厚礼一直珍藏至今。这个不是我一个人的事情，假如同学再想请其他人的话，很怀疑没有任何经费是否能够办成。

第四，学校老师的敬业精神、学术声誉。不可否认，很多教师兢兢业业地从事教学工作。但相对比较低的收入，使学校难以吸引最好的人才，各个学科也缺乏让学生钦佩的教学科研人才。没有可称羡的老师，学生毕业时怎么会留恋这个学校呢？

第五，是否给学生更多的自由选择自己的学习。目前普遍的状况是，大学对学生的学习规定太死，不感兴趣的课学了一大堆，感兴趣的又无法学，总让他们感觉到郁闷。

第六，是否给学生必备的知识。学生在学校里的学习过于专门，内容也与现实结合得不太紧，走上社会后英雄无用武之地，学非所用的现象比较多。

第七，管理体制也会影响到学生的情绪。如果学生办事总觉得不顺利，他们就很难培养起对母校的感情。其实，学生不满意的不光是老师，还有那些办事人员。

学校本来是学生的一个家，但是这个家好大，没有人在乎他，离开了就忘了。这也是当今教育管理者应该深思的问题。

师生追求

毕业典礼上的"父母潮"

斯坦福大学的校园里也有一年一度的"父母潮",但是这个"潮"不是出现于新生入学时,而是出现于毕业典礼那一天。这背后隐藏着一种不一样的教育观。

中国人认为上大学是成功的重要标志,
美国人则认为它是学习的真正开始

每年到了9月开学,国内大学领导都是双倍压力,两重忙活,一方面要接待好新生,另一方面也要安顿好一起来的父母。哪一方面照顾不周都不是一件小事。

在中国的大学校园里,每年新生入学时都会出现送孩子的"父母潮";美国大学校园里也有"父母潮",但它出现于一年一度的大学毕业典礼时。一种"潮"两个时间,一头一尾,前后差别正好四年。这背后反映出的教育理念差别十分重要,它直接关系到青年学子的发展与成才,值得全社会思考。

我在《为什么中国出不了大师——探讨钱学森之问》一书中曾经讨论过这个问题。现在再把我的一些想法拿来与关心中国教育者分享。

在中国人的观念里，考上大学是一个学生成功的标志，大学越好就代表越成功。在整个教育界，每年最大的盛事莫过于高考。然而，在欧美人看来，读大学才是一个人学习的真正开始。

几千年的科举考试，令中国人有浓厚的状元情结，所以看不烦也听不腻"状元大戏"。有些地方还让当地的高考状元穿红袍，戴高帽，骑大马，真的让状元文化活起来了。而在许多学子看来，金榜题名之时就是告别寒窗苦读之日。在中国父母看来，孩子考上大学是最值得庆贺的事情，因为这不仅意味着孩子有了美好的前程，而且给父母带来了荣耀。所以，大张旗鼓地送孩子入学就成了顺理成章的事。

相比之下，美国大学校园里的"父母潮"却出现在一年一度的毕业典礼时。孩子获得了学位，不仅父母要来参加毕业典礼，而且爷爷奶奶兄弟姐妹甚至亲朋好友也会来祝贺。

我在斯坦福读书那些年，每年最热闹的日子就是举办毕业典礼这一日。此时，校园里到处彩旗飘飘，毕业生们穿着五颜六色的礼服，校园里到处可见熙熙攘攘的人群，父母亲人簇拥着风华正茂的学子，人人脸上洋溢着欢快和幸福。每个院系还备有丰富可口的食品，毕业典礼这一日也是学校的美食节，而且每个人都可以享受免费的午餐。是呀，父母的经济投资得到了回报，学生的智慧、精力投资得到了承认，还有什么比这个更值得庆贺的事情！

从毕业典礼的名称也可以看出东西方教育理念的重要差别。大学毕业典礼的英语词汇直译成汉语就是"开始"。在西方人观念里，一个人读完大学只是人生的起步，而把这之前的学习看作人生的准备。美国父母看重的是孩子读大学这整个过程，所以他们认为完成大学学业这一天才是最重要的。

我在美国先后读过三所大学，每年大学新生入学时，不要说什么"潮"

了,甚至都很难见到送孩子来读书的父母。当然也不排除个别情况,但都是父母悄悄地来,悄悄地走,不会给校园带来什么动静。

与美国情况形成鲜明对比的是,虽然现在中国大学每年也举办毕业典礼,但相比于开学,"父母潮"弱多了。中国父母认为,孩子毕业这一天是自然而然、顺理成章的一件事,对此他们事先没有什么期待,自然到这一日也就没有什么值得兴奋的。即使大学毕业生自己也没太把毕业典礼当作一回事,不少人甚至借故不参加。

东西方人这种兴奋点的不同非常耐人寻味。如果有一天在中国大学的毕业典礼上出现了"父母潮",就说明中国的教育观念发生了翻天覆地的变化。

斯坦福大学 2011 年毕业典礼

毕业生坐在草坪的椅子上,看台上的是毕业生的家长亲友等

中国父母关心孩子的物质生活,美国父母看重孩子的精神追求

表面上看,东西方大学都有"父母潮",然而这两种"潮"存在着本质

的差别。从某种意义上说，中国父母送孩子到大学报到，是对孩子在感情上的最后一次"喂奶"；而西方父母参加儿女的大学毕业典礼，则是祝贺孩子几年心血的成就。所以说，一样的关心，两样的情怀。

在中国，孩子读大学，就像雏鸟离巢，这通常是孩子第一次长期离开父母而独立生活。此时此刻，父母有一千个不放心，有一万个不舍得，他们觉得还有太多太多的爱要给予孩子，而这种爱往往体现在物质关心上。所以，每年新生入学，在每所大学都会见到这样的景观，父母拉着大包小包，里边生活用品应有尽有。父母要亲自摸清楚学校的环境，安排好孩子的宿舍，再委托当地的亲朋好友照顾好孩子，他们的想法只有一个——不要让孩子在生活上犯难吃苦。

中国父母与孩子的"感情断奶"很难，所以断得也就很晚，不少还持续到孩子长大成人之后。父母和孩子在情感上始终是一体的，常常是双方谁也离不开谁。特别是现在的不少家庭都是独生子女，中国父母就是孩子的最大"承包商"，孩子的吃喝拉撒睡都包，喜怒哀乐都管。父母送孩子上大学，就是把握住最后一次机会，给孩子再多喂一次"奶"。

跟中国相比，西方的父母则显得有些"冷酷"，他们通常在孩子还不会说话时就与孩子"感情断奶"。美国的父母通常从小就不让孩子跟大人睡在一起。我在美国读书时，看到电视上教年轻的父母如何让孩子习惯独自睡觉，就是把只会啼哭的婴儿放在一个小床上自己睡，刚开始时婴儿会因为没有安全感而不停啼哭，此时父母一定要狠心忍住，不能妥协去抱，这样三五天下来，孩子就习惯了自己一个人睡觉。在美国，小孩常常两三岁之后，就一个人一个房间，很早就学会自己照顾自己。这样，美国学生在中小学时期就有很强的独立性，到了读大学时，父母就自然不用再多操心了。

如此，美国学生读大学时，怎么还会需要父母送呢？是否从小注重培养独立精神，也是东西方教育的一个重要差别。

中国学生的学习是前紧后松，美国学生则是前松后紧

中国学生的学习是前紧后松，美国学生则是前松后紧，而读大学之时则是这"松"和"紧"的分水岭。

中国的小孩，上幼儿园就开始紧张了，每天都背着沉甸甸的书包，白天上课，晚上做作业。自那时起学习这根弦是越绷越紧，到了高中就进入最后冲刺阶段，考上大学就成了"终点线"。所以很多学生考上大学以后，就觉得终于可以松一口气了，而且大多数父母看到孩子能上大学也就放心了，觉得自己培养孩子的历史使命基本完成。

然而，美国的学生从高中开始才慢慢紧张，上大学以后就得开足马力学习了。我在斯坦福的校园里，看不到成群结队嬉闹的学生，看到的都是专注地在上课读书的学生。每天一到下午五点钟课程结束以后，校园里几乎见不到人，要么在宿舍，要么在图书馆，做作业准备功课。

如同马拉松比赛一样，学习也是一个长期的过程。中国学生普遍后劲不足，这是家长、老师特别是教育管理者应该关注的一个现象。后劲不足主要表现在，大学就开始掉挡，学习动机减弱，除了拿个文凭好找工作外，就不清楚为什么而学了。

美国的学生则不同，他们小的时候玩够了，有个快乐的童年，到了大学以后，有了健康的体魄，开始加油加码，结果走得更远，在终点线胜出，有机会欣赏到科学和学术王国的瑰丽美景。看看美国本土培养出的学生获得诺贝尔科学奖的人数便可知这一点。

相比之下，西方人鼓励孩子的角度与我们的明显不同，他们更强调个人智慧的发挥，发现社会与自然界中的真理，改善生存环境，造福人类。培养学生对真理的追求，是西方教育的终极目标，哈佛大学的校训就是一个

词——真理。以探求真理为目标,才能保持学习的热情,也才能走得远,也才可以避免把大学读书作为"终点站"的现象。

"钱学森之问"应是家长、学生、教育者乃至整个社会共同面对的一个问题。解答"钱学森之问",不仅是具体政策的问题,还是个教育观念的问题。

得天下英才而用之

斯坦福从世界范围内物色最杰出的学者来任教，选拔最优秀的学生来读书。只有这样的胸怀才能保证一流大学永不褪色。

孟子讲人生的三大乐事之一为"得天下英才而教之"。是老师都喜欢好学生，然而问题是为师者能不能保证学生得到最好的教育，把聪明的学生培养成具有创新精神且对社会有用的人才。所以，最关键的因素就是一流大学的师资队伍是不是由英才组成的，是不是这个国家最有才华、最适合搞教育和科研的人都汇聚在大学里？

中国历史上，"天下"指的就是中国人居住的这块土地。今天要办出世界一流的大学，"天下"的概念就得扩大，应该扩大到整个"地球村"，大学应该从整个"村庄"里挑最优秀的人才。看看英美那些著名大学的教师科研队伍就会知道一个道理，要办出世界一流大学，不但要招揽本国的英才，而且还要向世界开放，让本国人与世界上最优秀的人才竞争上岗。比如，斯坦福大学招聘老师的标准就是这个领域世界上最杰出的人才，不管什么性别，不论什么国家，也不考虑人种，真正做到了任人唯贤。什么时候我们的教育管理者有这样的气度，那么出现世界一流大学的日子就不远了。

然而，要"得天下英才而用之"，首先我们自身得具备很多条件。我们的大学得有足够的吸引力，不仅让自己的人愿意留下，而且能吸引别的国家和地区的人愿意来奉献才智。这种吸引力涉及的因素很多，包括工资待遇、政治气候、自然条件、人文环境等。所以办一流大学，不单是教育界的事情，需要全社会共同努力。

现在中国香港、新加坡的大学已经基本做到了这一点，即向全世界招聘人才，包括老师和学校领导的岗位，原则上什么国籍的人都可以来竞争。拿新加坡来说，大学教师队伍由来自多个国家的人才组成，当然还是以新加坡本地的华人为主体。南洋理工大学最近还请了安博迪来任校长，一看名字就知道他不是华人。有这样的气度办学校，很不简单，是一种超越！想一想中国内地的大学离这种做法还有多远，就知道我们与世界一流大学的差距有多大！

尽管中国香港和新加坡的大学开放力度很大，但是根深蒂固的保守观念、差强人意的人文环境，还是不能把世界最优秀的人才招来，而且有不少来这里工作的人是把中国香港或者新加坡作为跳板，当作事业的过渡，在这些地方发展好了再去欧美大学工作。就拿我自己周围的同事来说，只见周围的同事在这里发展几年后到欧美国家去长期定居，而没有相反的情况。实际上，中国香港、新加坡这些地方的大学成了欧美大学的培训基地，或者说训练营，因为师资队伍流动太大，很难打造世界一流学科，所以这里也很难出现世界一流的大学。尽管如此，跟中国内地的大学相比，这两个地方的大学离世界的距离还是相对比较近的。

英才不是圈养的，而是放养的。有一个现象值得注意，世界著名大学之间的交流是非常频繁的，他们之间除了频繁的学术交流，还常有教师和管理人员之间的流动。就拿我自己所见所闻来说吧。我的博士论文指导委员会成员之一保罗·柯帕斯基教授，20世纪60年代中期至80年代一直在麻省理工学院工作，后来才转到斯坦福。丘成桐大家都熟悉，是世界著名的数学家，菲尔兹奖获得者，博士刚毕业的时候是在斯坦福工作的，后来才到了哈佛。中国内地大学要成为世界一流大学，其中一个通道就是能够与这些知名大学建立人才互动的机制。当今世界，任何封闭的教育系统都不会有国际竞争力，一旦闭关自守，其教育水准必将下降。

中国内地现在流行一种说法叫"接地气"，指办事情有根基。武侠小说里常提到，很多高人练功要到深山老林里，高山上，大树下，就是为了吸取天地之精华。中国要出现一流的大学，必须与世界一流大学"通气"，能与他们互通有无，把我们的人员派出去，把他们的人员请进来。"派出去"这方面我们已经做得比较好了，然而还没有真正实现"让人家走进来"。

自信和胸怀是一个国家发达的表现。就大学教育而言，就是教育管理者敢不敢聘任其他国家和地区的杰出教育家来华当校长。中国内地要建立世界一流大学，必须有这种自信和胸怀。我们教育史虽然很长，但是在发展科学技术方面存在着致命的弱点，而且培养人才的理念也比较落后，因此必须吸收西方优秀的教育理念。

目前中国内地大学校长的任命，还是自上而下的行政命令。这实际上是把大学管理者看作政府官员，如此就很难保证选出最好的教育家来管理大学。世界知名大学的校长都是由校董事会和成立的专家小组遴选的，而且要广泛征求学校各个层次人员的意见，在全世界范围内招聘，最后选出最好的人选。遴选过程完全透明，比如要告诉大家有几个候选人，各自的长短处，为何做出最后的选择。这也是世界一流大学为何能保持一流的关键所在。

新加坡两所大学聘任校长的模式可以供我们考虑。一是南洋理工大学的模式，校长就是欧美人；二是新加坡国立大学的模式，校长是本地人，管理科研的副校长是世界著名的生物学家、牛津大学的资深教授贝烈炜。为了写书，我专门访谈了贝烈炜，他确实有很多值得中国内地大学管理者学习的教育理念。西方教育管理者视角独特，很容易看出中国内地学生的长处和短处，从而有针对性地采取一些行之有效的措施，让中国学生扬长避短，将来发展成为世界级的科学大师。

世界一流大学之所以能够长期保持自身的质量，秘诀之一就是这些大学的校级领导经常互调。20世纪90年代末我在斯坦福大学读书时，时任校长卡斯珀原来是芝加哥大学的教务长（大学第二把手），是个德国人，说的英语还带着明显的德国口音。2010年回斯坦福充电，得知斯坦福一个学院的院长到哥伦比亚大学担任了几年的校级领导后，斯坦福又把他请回来了。知名大学之间这种管理人员的互动是相互学习先进管理理念的最好途径。

退一步讲，如果觉得欧美人与我们差别太大，一时难以接受，就采用中国香港很多大学的模式，聘任在欧美知名大学担任过校级领导的华人来做校长，不想让人家担任正校长，做副校长也可以。如果未来能出现这种局面，那真是中国内地教育发展的一道曙光。中国内地现在发展了，经济不是问题，关键在于开放的胆量。过去二三十年，国家花那么多钱聘请足球教练，从国外引进球员，其实聘任大学校长的意义更大，是攸关国家前途命运的大事，所以更应大胆尝试。

最近这些年，国家为了提高高等教育的水准，经常举办世界著名大学校长论坛。这种活动确实能够给我们带来新的教育理念，但是要知道这不能从根本上解决问题。中国内地高校应该学习的是这些大学的办学传统和教育理念，而不是只听听人家怎么做而不行动。

我非常欣赏曹操关于"英雄"的说法。《三国演义》中有一回，就是"青梅煮酒论英雄"，说的是刘备怕曹操看出自己的野心，在家浇园种菜。曹操请刘备过来喝酒，谈起当今的英雄属谁。在当时来说，不论是武功，还是地盘，还是声望，曹操都算不上最杰出人物，更不用说尚寄人篱下的刘备了。然曹操认为当今天下英雄"唯使君与操耳"。曹操说出了一段关于英雄的精彩论述："夫英雄者，胸怀大志，腹有良谋，有包藏宇宙之机，吞吐天地之志者也。"

办教育何尝不是如此,特别是办世界一流的教育,更应该"胸怀大志,腹有良谋,有包藏宇宙之机,吞吐天地之志者也"。如果中国内地教育管理者不仅有了"办世界一流教育"的大志,还有实现这个目标的"良策",那么神州大地就必然会出现"吞吐天地"的世界一流的教育。

中国内地的教育家有没有"包藏宇宙之机,吞吐天地之志"?这从校园的文化建设中就可以看出来。我到耶鲁大学,看到他们图书馆大门上的石刻,非常有感触。这三块石刻,一块是古希腊文,一块是古汉语,一块是古埃及文。这就是一种眼光,一种气度,他们是把自己建立在整个人类文明之上的。这折射出的就是办大学的理念,那就是大视野、大胸怀、大智慧。

我去过中国内地那么多校园,几乎所有的名校都去过,然而校训不外乎儒家经典和政治口号,校园雕塑也多是先秦哲人。很少见到把整个人类文明作为主题的校园文化建设。给我留下印象最深刻的就是清华校园里那个巨大的石刻,上面用篆体刻着"自强不息,厚德载物"。这自然能够显示我们古老的文明传统、民族的优良品德。然而过于执著传统和民族精神很难办出世界一流大学。这就反映了我们办教育的一种眼光和胸怀。

要办世界一流的教育,必须有大眼光、大胸怀和大胆识。

大学里的老人们

只有把生命放进去才能做好事业，斯坦福的校园里有很多这样的人。斯坦福真正做到了没有年龄限制，没有年龄歧视，让每一个人的智慧在这里充分闪耀。

2011年2月9日，我参加了斯坦福大学数学系举办的一场讲座，演讲者是哈佛大学教授、菲尔兹奖获得者丘成桐。在这场讲座中，给我印象最深刻的是，演讲将要开始之前，一位90多岁的老太太坐着轮椅进来了，因年事已高，头都无法抬起来，但还是坚持听完了一个多小时的报告。我们所见的追星族一般都是十几岁的年轻人，而且追的都是歌星、影星，然而一个90多岁的追星族追的是学术明星，这种现象在国内并不多见。

上面讲的这位美国老人，并不是个别现象，斯坦福的很多学术会议都能见到类似的场景。

另一个我亲身经历的例子是在唐纳德·克努斯教授的讲座上。他是斯坦福大学计算机系的元老，他的工作对计算机革命产生了巨大的影响，被誉为"算法分析之父"，得过几乎所有计算机行业的大奖。

听这个讲座时，我坐在第一排，坐在我旁边的是一对老夫妻，老太太的牙都掉光了。而且老太太似乎有点儿糊涂,在讲座中间,她大声地吆喝:"声音大一点儿!声音大一点儿!"我想,演讲者有扩音器,整个大厅里的人都没提意见,老太太坐在第一排还听不清楚,很可能是自己的耳朵已经背了。然而这种小细节反映的是一个国家平常老百姓的价值观和社会风尚,也说明了一个道理:这些高尖人才的背后存在着一个深厚的群众基础。

我在斯坦福旁听的课中,有多门课的老师年龄都在70岁以上。其中信息论课的老师,手都颤抖了,说话也不那么利索了,满头银丝,可能有80岁了。讲到这里,有一点需要说明一下,斯坦福大学的终身教授是真正的"终身",你只要自己不说退休,没有人逼你,可以一直干下去。

有不少教授选择70岁左右退休,主要是为了把自己从教学任务中解放出来,有更多的时间做研究,特别是可以自由出国搞科研。

斯坦福大学还有一个制度,定期邀请业已退休的老教授回来讲学,让他们讲授自己新的研究成果。2010年我回斯坦福大学访学时,那时我的博士生导师伊丽莎白·特劳戈特教授已经退休多年了,这次大学请她回来讲一门"语法的结构化"课。这是她退休后写的一本书里的内容,该书很快在牛津大学出版社出版。该书的另外一位合作者是伦敦学院的一位年轻教授,他也来客串了两次课程。听课者除了本校的博士生和老师,还有来自世界各国的学者。伊丽莎白·特劳戈特教授是国际历史语言学界的领军人物,虽然她从教学岗位上退下来了,然而她的研究仍然处于国际前沿。同年,业已退休的琼·布兰南(Joan Brennan)也被邀请回来讲一门"实验句法学",我也听了这门课。

斯坦福大学的这种政策不是"福利性质"的返聘,目的不是给这些老师一些经济补贴,而是大学保持高学术水准的一种政策。这些七八十岁的老学者仍然耕耘不辍、科研精进,代表着该领域的最高成果,年轻的老师一时半会儿还达不到这种水准。这些年长的资深学者的授课也保障了大学研究生培养的质量。

这些人一辈子都把生命放在学术活动中,他们对自己的学术研究真正达到了孔子所说的"好之""乐之"的境界,这样能不出大师吗?

在轻松愉快中探讨科学

科学并不总是存在于冰冷的实验室里，很多科学分支也产生于游戏中，发端于日常活动中。与此同时，科学也不一定都是严肃的，其中也有很多情趣与快乐。

从娱乐中发现科学，从科学中找到娱乐，这是西方科学家的风格。中国人则把游乐和科研分得太清，要么沉湎于娱乐不能自拔，要么把科学看得太严肃。

2010年，我在斯坦福访学时发现没有一个老师是想方设法去逗乐学生的，都是把本学科的概念、规则准确地讲述给学生。虽然他们不太追求"寓教于乐"，然而在老师和学生的科研活动中，却体现了另外一种精神，就是"寓研于乐"，很值得我们借鉴。

斯坦福大学数学系给研究生开的两门课让我很好奇，一门是"围棋中的数学"，另一门是"打结的几何原理"，开课的老师都是西方人。要说下围棋和织毛衣这些事，中国人的水准比美国人可高多了，但是没有听说过中国哪个大学的老师会把下围棋、织毛衣作为数学课题来研究，并且发展出一门学科来，还搬到大学的课堂上。

大家不妨设想一下这种情形发生在中国会怎么样。假如一所大学的某位数学老师想申请一个国家自然科学基金，专门研究"围棋中的数学问题"，会不会被批准？我猜十有八九会被驳回，不少评委的第一反应可能就是："你这不是胡闹吗？怎么这么不严肃呢！"即使评委同意资助，恐怕社会大众也会有非议，认为这是在浪费纳税人的钱。假如一个老师提议要为大学生开一门这样的课，恐怕也很难得到学校领导的批准，因为具有带领学生不务正业的嫌疑。总之，东西方关于科学的认识差别甚大，这也影响到各自科学的发展进程。

中国的学者往往一辈子只做严肃的学问，很少想到用研究来快乐自己，更别说用自己的研究去娱乐读者。然而，在西方人的观念中，一个学者既能做阳春白雪式的高深学问，又能写下里巴人的通俗读物，这是一种能耐，也是一种洒脱，更是一种做学问的境界。比如，我读大学的时候看过一套数学普及丛书，全是英国的一批最杰出的数学家写的，深入浅出，引人入胜，使我这位门外汉领略到了数论、集合、图论、统计学这些现代数学分支的瑰丽多姿的景观。我在武汉读研究生时，就看过斯坦福数学系的波利亚写给中学生、大学生的书，其中《数学与猜想》对我的影响最深，让我认识到严谨的数学也充满着想象和乐趣。千万别小看这些通俗读物，只有那些具有极高造诣者才能写出科普名著。

科学史上一些重大的科学发明发现也都是从休闲娱乐中得到启发的，这方面最著名的案例就是数学史上的"七桥问题"。18世纪中叶，德国歌尼斯堡有一个居民散步时提出了一个问题，深刻地影响了数学的发展，促使两个数学分支的诞生。这个小镇河流纵横，上面架有七座小桥，居民闲暇时常来散步。有人提出来一个问题："怎么可以不重复一次走完这七座小桥？"可是谁也找不到答案。这时只有二十几岁的欧拉碰巧来到这里，听到这个问题，认真思考，最后给出了严格的数学证明，得出结论：这是不可能的。得益于这个问题的解决，欧拉成了数学的两个分支的创始人：一个是图论，另一个是拓扑学。

吃完饭乘凉、散步的时候，能发现影响科学史的问题，就是一种从游乐中发现科学的民族文化。

游乐之中提出科学问题，科学问题又在游乐之中解决。这给中国学者以重要启发：就是不要把科学研究看得太神圣、太严肃，科学就存在于生活之中，不光在庄严肃穆的办公室、实验室里。

把学术看得过于严肃，会带来两种负面的效果：一是体验不到做科学的乐趣；二是不容易从游乐活动中悟出科学道理。善于从游乐中发现科学，这是西方学者的学术风格，很值得我们借鉴。

好之者不如乐之者

一个人只有从做一件事中获得快乐，才能做好它。为了让学生从学习中获得快乐，大学管理者常常别出心裁。

自古以来，中国人都很重视教育。《论语》自成书以来就成为我国儿童的启蒙教材，也是影响中国人最大的一本书，它的开篇第一句话就是"学而时习之，不亦说乎"。但是，今天随便问一个中小学生："你学习快乐吗？"恐怕很多学生都会摇头。

中国人往往把学习看得太严肃、太正经，读书要正襟危坐，古人看书前还要焚香沐浴。你看，幼儿园的小孩都要手背在后边，坐得直直的，哪个乱摸乱动，马上会得到老师的一顿呵斥。

我上小学的第一天就给我留下了一个痛苦的回忆，遇到一件至今让我"刻骨铭心"的事情。我出生在农村，没有幼儿园，因此上小学第一天是首次坐在教室里听老师上课。这一天，我跟其他小朋友都很兴奋，听老师讲话时，我高兴得用铅笔敲打桌子。老师突然用一节粉笔从讲台上向我脑袋砸过来，嘴里还大声地呵斥着："捣什么乱呀你！"我当时被这突如其来的"暴力"吓蒙了，第一堂课就受到了这样的惊吓。这事尽管过去几十年了，这位老师凶神恶煞的样子仍然刺激着我。所以我对学校的第一印象就是,在这里可不能乱说乱动,因为随时都有可能受到严厉的惩罚。在这种教育系统中,不知有多少小孩的天性被压制、被扼杀!

从小学到大学,在中国的校园里、教室里或图书馆里,我们常能看到这样的标语口号"团结紧张,严肃活泼",其实强调的就是这四个字"紧张严肃"。在中小学生的自我鉴定里,最常见的是这种字眼,"目不转睛""专心致志""不交头接耳""不大声喧哗",如此等等。这样氛围培养出来的学生多是"乖乖孩",事事谨慎小心,处处循规蹈矩,也就早早失去了活力和创造力。

现在让我们看看斯坦福大学特有的教学方式吧。

我在斯坦福大学访学期间,给我留下印象最深刻的一门课是数学课——"波利亚解题技巧",课程的名称是以该校已故著名的数学家——波利亚命名的,开设这门课的目的是培训大学生参加数学竞赛。波利亚是世界闻名的数学家和数学教育家,写过一系列数学教育的书,翻译成中文的就有《怎样解题》《数学与猜想》等。我读大学的时候就读过他的书,不管我走到哪里都一直带着他写的《数学与猜想》。所以我是抱着一种特殊的心情来听这门课的。这门课独特的授课方式很值得我们借鉴。斯坦福大学还有一门数学课,是采用"必胜客教学法",其实就是用美食来吸引学生,通过刺激学生的胃口来激发他们对数学的兴趣。

不仅本科生上课如此,斯坦福的学术报告也显得很不"庄重"。一次,哲学系请来了一位剑桥大学的学者来讲座,我也参加了。这是斯坦福的传统,这种讲座一般都提供食物,繁简不一。哲学系规模虽小,但是并不小气,准备的食物很丰盛,不仅有各种美食,还有美酒,要知道免费提供酒水的讲座是罕见的、很上档次的。惯例是听完讲座之后再吃东西,因为这次讲座的时间是下午五点,大家都饥肠辘辘,就有人提建议:"是否可以边吃边听讲？"自然没人反对。我呢，有点儿贪杯，两杯红酒下肚，就开始上头，感到晕晕乎乎。可是产生了一种特殊的听觉效果，思绪飞翔，浮想联翩，思维特别活跃，领悟出了不少东西。

在斯坦福，吃饭聊天还可以赚钱。我20世纪90年代在斯坦福读书时，东亚研究所为了提高他们研究生的汉语水准，就找一个中国学生在中午12点到下午1点之间到他们的小会议室里，边吃饭边跟大家聊天，时薪12美元，在那个时代这个报酬是相当不错的。由此可见他们的教育理念，不仅做到了利用一切可以利用的时间，让学生长知识、学能力，还双重效率地利用吃饭时间：让学生吃饭的时候，耳朵也不闲着，嘴巴就更忙了，得边吃边说中文。这种场合，气氛自然轻松随便，更有利于学习语言。当一个人正在咬一口牛排的时候，突然听到一个新词"忽悠"，以后每次他啃牛排的时候脑子里就会浮现出这个新词。这样的学习，记忆效果能不好吗？

斯坦福大学有一种非常流行的讲座形式，直接翻译就是"午餐盒讲座"。这种讲座不是探讨午餐的包装方式，而是一种关于各种话题的小型讲座。大家可以把自己的午餐带进来，边用午餐边听讲座。所以参加这种讲座，内容是否有趣先不说，首先你可以闻到各种风味食品的味道。我在斯坦福访学期间，也曾被邀请做过这样的讲座，我讲的题目是"关于孔子的十大误解"，那次是免费提供墨西哥食品。现在回想起来，我讲的什么已经忘了，只是还记得墨西哥食品的味道。

中国人的言行都受圣人的影响。孔子说过"食不言，寝不语"，这是把吃饭和睡觉看得很重要，而且也隐含着一种观念，就是"心无二用"，因此一个人在一段时间内只能专心做一件事。几千年来也没有人想这有没有道理，反正圣人这样说了，照着做就没错。

如果中国的大学可以解放思想，充分利用吃饭的时间，肯定会显著提高学习效果。然而要做到这一点，首先要改变中国学生的饮食习惯。你想，中国饭菜大都是汤汤水水的，一次"午餐盒报告"下来，弄得教室里到处都是污垢，不仅学生们看了恶心，搞卫生的人也会提意见。

充分利用吃饭时间，是美国大学的一种学习风尚。2011年夏天，我到普林斯顿大学参观时，看见校门口的一个小花园里有一种街头艺术，名字叫"午餐时间"，是一尊铜塑，一个学生坐在地上，一手拿着刚咬了一口的三明治，另一手捧着书专注地读着。我想，即使中国有好学如这位同学的，也不能这样做，因为中国的饭菜离不开筷子，不能手拿着这样吃，吃饭的时候两只手都得用上才行。大学生的学习习惯也许容易改，然而饮食习惯可能一时半会改不过来。

我去过不少著名大学，校园里随时随地都能看到有人在读书学习。什么姿势都有，有站着的，有坐着的，有躺着的，有趴着的，就像花样游泳、花样滑冰那样多彩多姿，可以叫作"花样读书"。这一点，我们的读书姿势就显得太单调了，太缺乏创意了，大都是规规矩矩坐着看书。

美国人把读书学习看得随意，还表现在公共场所里随处都能见读书的人。如果有机会到美国，稍微留意一下，就会发现街头的凳子上、公园里、飞机场，各种交通工具上都有

普林斯顿大学校园里"午餐时间"雕塑

这个学生一手拿着三明治一手拿着书，在聚精会神地阅读。这是美国大学里学生吃饭时的常态

很多人在拿着书看。

儒家教育圈的人都容易把读书学习看得太严肃，然而殊不知孔子的教学方式也是非常随意的。孔子经常就是与几个学生围坐闲谈，老师与别人讨论问题时，没被问到的同学还可以拨弄乐器。读过中学的人都知道，孔子与四个学生谈志向。子路和冉有都想当大政治家，孔子很不待见，不理睬二位的高谈阔论。公西华看势头不对，就改说自己就想做一个主持祭祀的小官，孔子也没有表态。这时，孔子转过头来问旁边的曾皙："阿点，你的志向是什么？"此时曾皙正在弹瑟，听到老师问自己，还意犹未尽，"铿"的一声让乐曲进入高潮，然后才慢慢地放下瑟，款款道出自己的志向。曾皙的志向也很"休闲"，就是暮春的时候，跟一帮同龄人带着小孩子去郊游——游泳、跳舞、唱歌。孔子听罢喟然叹道："我赞成阿点的想法！"严格地说，曾皙所谈的不是什么志向，就是一次春游计划，但是莫名其妙地中了头彩。

且不说孔子的四个弟子的志向高低如何，单就课堂气氛来说就非常值得注意。孔子上课的时候，学生还可以带乐器；老师与其他同学讨论问题的时候，曾皙还在音乐伴奏。试想一下，这可以发生在现代的课堂上吗？上课的时候一个学生大摇大摆背着一个大提琴进来，老师上课时学生还在拨弄自己的乐器，即使脾气再好、修养再高的老师恐怕也会忍不住发火。话又说回来，国外大学的课堂也没有孔子授课时这么放松的。

但是，在中国几千年的教育史上，包括现在的大学教育，孔子的教育是最成功的。他培养了一大批影响中国历史的大思想家。

还有一种现象，那就是期末考核在老师家里进行。高年级本科生和研究生一般都要完成一篇学期论文，还要在全班做个报告，大家一起来讨论。这一般是评定成绩的最主要根据，不再举行其他考试。不少老师就请学生到自己家里来做最后的研究报告。这不是个别老师跟学生拉关系，而是一种教育文化。比如我的博士生导师是个英国人,国际知名的学者,美国人文与科学院的院士,还担任过六年斯坦福大学的副教务长职位,对学生要求严格是出了名的。我选过她的一门历史语言学课,班里也有本科高年级学生。期末考核她就把学生请到家里,事先订好食物,大家吃完晚饭后就在她家的客厅里轮流讲自己的研究课题。气氛就像是一个晚会,轻松随意,但是讨论起问题来很热烈很认真,一点也不马虎,效果很好。把期末考核变成一场晚会,那叫一个放松!真是一种别开生面的学习方式,很值得我们借鉴学习。

灵感和创造力,往往是在轻松的氛围中发生的。所以不要把学习看得太严肃、太正经,轻松的氛围是有利于培养创新型人才的。

东西方培养博士的差距

一篇博士论文可以创立一个新理论,这在欧美的一流大学屡见不鲜。这不是纯粹靠运气,而是靠科学思维方法的训练。

世界一流大学都有一批大科学家或大思想家。那么,这里的"大"是什么意思?主要是指这些人有大思维、大视野,创建了某种影响世界的系统理论,为某一重要学科的创始人。一流大学要靠大学者来撑门面,大学者的声誉是建立在对某一学科的重大贡献之上的,而这个"重大贡献"往往体现在对某一科学理论系统的创立或发展起了关键作用。所以大学也与科学系统的发展密切联系在一起,比如牛顿在剑桥大学创立了经典物理,爱因斯坦在普林斯顿大学发展了相对论,香农在麻省理工学院开辟了信息论,等等。几乎每个知名大学都有这个级别的学者。

要开创一个学科,发展出一种系统的理论,就必须具备建立科学系统的逻辑能力。

然而我们必须清醒地认识到,中国人缺乏这种理性思维的传统,没有掌握有效的逻辑工具,在思辨能力和理性思维方面相对比较弱。结果,几乎当今所有重要的科学理论体系的建立都与中国人无缘。可是中国教育要成为世界一流，国家要步入科技强国，这种局面必须改变。

孔子早就认识到了"学习"和"思考"之间的辩证关系，提出了"学而不思则罔，思而不学则殆"。然而如何有效思维，我们的先哲并没有一套行之有效的程序，所以古往今来的学人都只好凭自己的感觉经验著书立说。中国古代的典籍浩如烟海，却找不到能够经得起逻辑推敲的科学系统。

西方的文化传统与我们形成鲜明对比。西方的先哲亚里士多德在2000多年前就创立了一套严密的逻辑系统，他的《工具论》对西方的科学技术发展提供了科学系统化的思维工具。欧几里得的《几何原理》是迄今最完美的科学系统之一，本身形成一个高度严密的数学体系。所以在这个传统中受教育的人，要接受这种思维工具的训练，这样教育出来的学生就懂得如何思考、如何逻辑推理、如何发展出系统的理论，而不是儒家所提倡的"博闻强记"，以知识的多少来定优劣。

在建立理论系统的能力上，东西方的学人之间存在着重大差别，突出表现在西方学者很善于发展一个理论系统，而这恰好是中国学者的短板。就拿语言学家来说，西方很多学者都有一套自己的理论，而且影响了世界。就以我上过课的几位老师来说吧，加利福尼亚大学圣迭戈分校的兰盖克建立了系统的认知语言学理论体系，同校的福科尼耶创立了心理空间语言学，斯坦福的伊丽莎白·特劳戈特发展出了系统的语法化理论。然而中国的语言学界虽然人数众多，著书立说者多如牛毛，但是能建立一套属于自己的理论体系者凤毛麟角，所提的理论能影响世界者闻所未闻。我觉得，东西方语言学的这种差别是所有科学分支的缩影，这种差别不是智力上的因素导致的，而是思维传统所致。

纵观国际学术界，几乎所有科学分支的创立都与华人无缘。历史上的不用说了，即使当代刚刚产生的新的学术分支，比如系统论、控制论、信息论、认知科学等，都才只有几十年的历史，然而都是欧美人创造的，与华人无缘。语言学领域更是如此，内部的流派繁多，诸如形式语言学、功能语言学、认知语言学、语法化理论，也都是欧美人的专利。在欧美成功的华人语言学者，做的基本都是些拿汉语的现象给人家添砖加瓦的工作，迄今还没有哪个人创立了具有国际影响力的理论体系。

即使都在欧美的知名大学读书，华人子弟与欧美学生之间也存在着明显的思辨能力差别。在斯坦福的课堂上，很常见到华人子弟，他们有来自中国的，也有来自新加坡等其他国家的，还有在美国本土出生的。总体上看，华人子弟的逻辑思辨能力明显低于欧美的学生，他们大多属于课堂上沉默寡言的一个群体。这可能是思维文化传统的差异使然，这种传统的力量很大，会像基因那样代代相传。

中国历史上也有不少科技著作，然而大都是经验事实的堆砌、现象的罗列，没有一本形成严密逻辑系统，比如《黄帝内经》《齐民要术》《梦溪笔谈》《天工开物》《本草纲目》等都是如此。因为中国人没有科学的思维工具，不会从简单的概念出发，依据基本的原理，按照逻辑规则，一步一步推演起一个理论系统。中国人有高超的智慧，可以在某一点上具有闪光的发现，然而因为缺乏这种的科学思维工具，无法做出系统的发现，也缺乏科学的抽象，多为直观的经验总结，结果中国人的科技成就多停留在实用层面上。

近些年来，斯坦福大学一直在酝酿教育改革，改革的重点在如何提高学生的素质，他们特别强调的一点是"培养学生分析数据和进行推理的能力"。麻省理工学院的校训就是"既学会动脑，又学会动手"。现在国人都认识到学会动脑筋很重要，但是如何动脑筋，迄今尚没有一套行之有效的教学方法，也没有得到教育界的普遍重视，学生更没有得到应有的训练。我教过很多国内大学培养出来的大学生、研究生，他们的知识面很广，学习热情也很高，就是理性思维能力太欠缺，难以做出有价值的东西。

我做了一个调查，读博士的中国学生大都没有学过形式逻辑，大都没有掌握做科研的基本逻辑工具，比如不知道如何下定义、如何推理、如何寻找因果关系等。就拿语言学界来说吧，中国高校培养出来的博士数目已经远远大于欧美的总和，博士论文汗牛充栋，但极少能建立一个理论系统。然而斯坦福大学的语言学系每年统共才培养三五个博士，几乎每个人都能提出自己的一套理论，不少还在国际知名的出版社出版，产生了国际影响力。这种状况折射出东西方教育的一大差别，那就是我们的学生缺乏基本的科学思维训练。

因为美国教育注重培养学生建立科学系统的逻辑能力，他们的不少博士论文就开辟了一个新领域。拿一个我切身感受到的例子来说吧。1993年，我到加利福尼亚大学圣迭戈分校读书，系里刚来了一位伯克利分校毕业的博士生，她的名字叫阿黛尔·戈德堡，那时她的论文还没有出版，只是听系里的其他老师说她的论文很有创意。1995年她的论文在芝加哥大学出版社出版了，很快就成为"结构语法理论"的开山之作。现在"结构语法理论"已经成为一个新的语言学流派，每两年举办一次国际性的会议。这一理论对中国语言学界已经产生了深远的影响，大量的研究成果就是在这一理论的指导下做出的。因为阿黛尔·戈德堡的影响力超常，普林斯顿把她挖过去做教授。在美国像阿黛尔·戈德堡这样的学者并不难见到，他们的博士论文就创立了一个科学理论系统。然而，中国的大学很难培养出这种人才。

中国高校博士生的培养要逐渐转到重视质量上。以后高校不光是要强调每年培养了多少本科生、多少博士生，而是要关注哪些博士生开辟了新领域或创建了新学科。世界大的学科不断涌现，大学科内部小的分支层出不穷，那么有多少是中国大学培养出来的博士生做出来的呢？

植物的杂交、基因的转换，现在科学技术已经做到了。然而文化杂交、思维基因的转换，难度可能更大。虽然很难，中华民族必须经过这场思维转换，才能真正成为科学文化的强国。

提高学生的逻辑思辨能力，让学生掌握建立理论系统的逻辑思维工具，这是中国教育最富有挑战性的任务之一。

中国要建世界一流的大学,就不能把创造发明的"专利"拱手让人,而我们自己只抱着"拿来主义"的态度。在科学理论上也必须要有"中国制造",让我们的"思想产品"销向全世界!

学习是一个探险的旅程

大学不仅仅是获得知识的地方,也是一个探讨未知的圣地。抱着"探险"的态度来读大学,你一定会在这里发现瑰丽多姿的风光。

我在不少大学讲学,学生常问我"能不能给他们一个忠告?"我的回答是:"把大学学习看作一个探险的旅程,千万不要把它当作逛公园。"很多学生让我留言,我也是这么说的。这问题的头绪很多,让我慢慢道来。

孔子之所以能够成为大圣人、万世师表,跟他的一个学习态度有关。

达巷党人曰:"大哉孔子!博学而无所成名。"子闻之,谓门弟子曰:"吾何执?执御乎?执射乎?吾执御矣。"(《论语·子罕》)

达巷党人感叹孔子的学问之大之博,但是必考某一个专门学科而成名。孔子跟他弟子说的话实际上是一个比喻,是射箭呢,还是驾马车?我选择驾马车。射箭和驾马车是当时的两种专门技艺,都属于六艺"礼、乐、射、御、书、数"中的一种。射箭是站在一个地方,瞄准靶子,每天看到的就是那一个小小的地方。然而驾马车,一路上的好风景看也看不完,各种风土人情、趣闻轶事,听也听不够。在那个时代,很多学科还没有建立,人们的知识主要从社会上获得。一个马车夫的见识一定远远多于一个弓弩手。

我在《非常师生》（商务印书馆，2010年）一书中分析到，孔子周游列国并不是谁强迫他的，完全是出于自愿。上面这段话也道出了做出这种选择的其中一个因素。孔子周游列国的十四年，狼狈不堪，险象环生，累累若丧家之犬。假如没有这十四年的磨难，孔子对社会的理解也没有那么深刻，思想也就不会那么深邃丰富，也就不会造就出一个圣人来。

斯坦福大学的商学院在美国也是数一数二的，培养出了许多大企业家。老院长罗伯特·乔斯（Robert Joss）教授给经管学院的学生做了一次报告，其中一个忠告就是"不要停留在令你舒服的环境中太久"。的确，一个人要成就一番事业，就要有点儿跟自己过不去的精神，敢于挑战自己。

乔斯院长这句话适用于各个行业、各个方面。就大学读书来讲，对于学生来说，如果一直选修那些容易的、能拿高分的课，很可能一辈子就停留在"好学生"的荣誉称号中，这些人走出校门就很难做出大的成就。然而一个学生敢于挑战自己，学自己完全不懂的领域，虽然已经尽了最大的努力，殚精竭虑，最后的成绩可能平平。但是这门课对他智力的冲击和日后的意义则是巨大的，可以启发他在某领域做出突出的贡献，使他受益一辈子。

有一个统计，在获得诺贝尔奖的人中，绝大多数的大学学习成绩常是B。爱因斯坦甚至被老师认为是问题学生。然而那些成绩都是A者，后来干什么很少有人知道。这是很正常的。那些敢于挑战自己的学生，容易被看成离经叛道，一般不会在成绩上表现自己，而科学真理的发现青睐的正是这种离经叛道者。

学生A的成绩单清一色是A，学生B很多是B，甚至还有更低的。假如一个招工单位就此判定学生A优秀，淘汰学生B，说明他根本不懂教育。我们现在有太多这样思维简单的人，以分数论英雄，不知埋没了多少人才，也不知扶起了多少阿斗。

同样一所大学，有人成才，有人平庸。区别就在于你如何看待大学，如何利用大学这个机会。

有人把大学看成一个公园,来这里闲庭信步,游玩观赏,风花雪月,花前月下,夜夜笙歌,灯红酒绿。那么上大学、读研究生,就如同逛了一次公园,留给你的只是几张照片和一段回忆。

有人把大学看成瑰丽多姿的奇幻世界,那里的天空辽阔而深邃,智慧的光芒普照大地,真理之美装点着大地,兴奋地徜徉其中,好奇地观赏已裸露在外的真理之美,不懈地探索追求隐藏的真理,让更多的真理之光亮起来。那么,你就是一个游玩过仙境的人,会给人间带来一段美丽的传说。

常人一般是"用什么,学什么",高人则是"学什么,用什么"。这两种说法,表面上仅仅是一个顺序颠倒,而实际效果大不一样。第一种说法,受制于人们的知识和环境,知道什么地方不足,然后弥补起来,固然有用,但是作用很有限,因为还有许许多多更有用的,只是你不知道而已,因此就不去学了。然而完全不知道它会有什么用,只是兴趣驱使,先学学再说,很可能有惊喜的大发现。

温家宝总理曾在与北大师生的座谈会上强调学文科的要懂一点理工,学理工的要懂一点文史。耶鲁大学校长理查德·莱文(Richard Levin)在2010年8月的开学典礼上也有过类似的观点。下面以我个人的经历,来做一个现身说法。

我是学中文的,必修的课程全是文学和语言。说实在的,这两科的功课就多得不得了,看不完的书,学不完的课。但是我大学时期,时间一分为三:一份用来学中文相关课程,一份用来读历史、哲学,一份用来学数学、逻辑。也就是说三分之二的时间用在学科外的东西上面。数学本来是一门高度抽象的学科,容易令人望而却步,然而一帮英国数学家编写了一套科普丛书,把数学变得生动有趣。我当时一口气读完了这套丛书,使我领略到概率论、统计学、集合论、数论、图论这些学科中瑰丽多姿的景观。

硕士研究生我是在华中理工大学读的，这是个理工科背景的学校，语言专业刚开设没几年。我在华中理工大学学的自然科学发展史和自然辩证法，对我的科研有直接的帮助。

在华中理工大学我正式修读了数学系的两门研究生课程：代数拓扑学和模糊数学，这两门课深深地影响了我的思维方式，决定了我科研的方向。过去20年来，我一直着力研究自然语言中的数学问题，希望不久的将来能够发表一本这方面的专著。哈佛大学心理学系的平克（Pinker）教授专门研究自然语言中的物理现象，他的有关文章发表在美国的《科学》和英国的《自然》等世界顶尖级的刊物上。

前面提到我听了丘成桐在斯坦福的演讲，他用了一个简单例子来说明拓扑学与几何学的差别。我感到这是小儿科了，因为20年前我已经学过了。

拓扑学对我专业的研究也非常有启发。研究语法就是发现变化多端的句子中的不变性质，拓扑学正是给了我这种思维训练。这使得我在这个领域不断有所收获。

说实在的，我的观点跟上面引述的耶鲁大学校长那段话是不谋而合。我专门听那些我以前想都不敢想的全新领域，也专门坐我以前不敢坐的位置，第一、第二排有位置我就不会往后排去，因为前面两排看得清、听得明，因为我清楚这大概是我今生最好的一次听课机会了。"数论"和"现代代数"都是和本科生一起上的，那种感觉让我年轻了20岁。这些课的笔记特多，两学期下来就是一大摞，比我四年本科记的笔记都多。

上这些课，我对自己有一个惊奇地发现。这次来斯坦福之前，语言学系的课是我的本行，应该没问题；然而数学、计算机这些课，我整个一门外汉，可能提不起精神。结果恰好相反，因为语言学系的课程大都似曾相识，很容易走神，需要很大的毅力克制自己才能把一堂课坚持下来；然而数学课则是瞪着眼睛，竖着耳朵，全神贯注，因为内容是全新的，听懂一点儿就兴奋半天，所以一节课下来特精神。"现代代数"和"信息论"是我最喜欢、使我收获最大的两门课，第二天有这些课，前天晚上就开始兴奋。

其实，课堂只是大学学习的一部分，各种各样的学术讲座、学术活动，那才真叫开眼界，受启发，有挑战。我这一次来斯坦福，才意识到我十年之前在这里的学习视野多么狭窄，失去了不知多少宝贵的机会！那时候除了本专业的课，就不知道学校发生了些什么事情。2011年4月26日，我听了一场"斯坦福大学校长基金系列讲座"，这个讲座邀请的全是人文社会科学的著名学者，这次请的是博特斯坦教授，题目是"音乐与自然和建筑"，而这个系列讲座始于1998年，而那时候我正在这里读书，根本就不知道有这回事。这次没有读学位的压力，一身轻，才发现每个系科几乎天天都有讲座，像计算机系，从中午12点到下午6点，每个时间段都安排有学术活动。而且每个系的学术活动又分等级，有的是针对同方向的少数专家的，有的是针对本系所有师生的，有的则是面向全校乃至对社区大众公开的。针对大众的讲座，即使数学、物理、生物这些高深的学科，一般人也能听得懂。我这次每天都关注着各个系的学术活动，不放过任何学习机会。我的经验是，不管听什么讲座，或多或少都会有所得，没有所获，都欣然自得。我也非常感慨，同是在一个学校里，每个人的收获差别是巨大的。同时我相信，一个对学术讲座感兴趣的学生一定会有出息的。

教师的敬业精神

工人敬业保证产品质量，教师敬业则出优秀学生。富有责任感，热爱自己的职业，才能培养出大师。

教师的敬业精神在一定程度上决定或者说影响着学生的成就。斯坦福大学的办学目标之一就是招收世界上最有才华的学者。下面就谈一下他们是如何对待教学、如何对待学生的。

不论你多牛，都要站在教育第一线。这里的老师是没有特权阶级的，谁都要给本科生、研究生上课。我在斯坦福读博士期间，正是华人学者朱棣文获得诺贝尔奖的时候。一次经过物理系，出于好奇就想看看他们是如何宣传这么一位学术明星的。令我意外的是，他们系的布告栏里没有一张关于朱棣文的宣传纸张，只有一张本科生的课表，上面发现了朱棣文的名字，讲他这个学期给本科生上什么课。

斯坦福的学生很幸运，他们在大学期间就能有机会得到大师的教育，让他们很早就知道大师是什么样了，这对他们日后成才非常有好处。大师的成才奥秘，可能是无法言表的，但是学生可以从他们的观摩中感悟出来。

一个没有大师的学校要出一个大师是很难的,千年等一回,还得靠运气。然而在大师云集的地方出一个大师,是理所当然的事情,人们一点儿都不会感到意外。

斯坦福大学的教师给我印象最深刻的一点是他们对课堂的认真准备程度。在我的教育生涯中,我在两门课上下过大功夫:一是普通逻辑;二是汉语语法。我做到了一个学期不看一眼教材,也不看讲义,规律和例子全部烂熟于心,授课的流畅程度和效率达到最佳的程度。但是为了两个小时的课,都要花上好几天的时间。而且重上这门课的时候还要重温一下这个过程,因为过了一年半载,很多东西都忘了。这种授课方式,学生欣赏,我更受益。但是后来上课就没有这样用心了,老教师了,也变成老油条了,上课之前只要把内容搞熟就行,上课时就边看讲义边讲。

然而在斯坦福,拥有这种熟练程度的教师比比皆是,而且他们每堂课的工作强度是非常高的。斯坦福的老师上课前都要进行精心准备,上课时的投入精神不说是令人感动,起码是印象深刻。比如,2010年我选修的数论和现代代数这两门课的老师,练就了板书的本领,所有的讲课内容,同时写在黑板上。这里的黑板也是特殊设置,既大又高,一般有三层,可以滑动折叠,而且便于板书多的课程。我统计了一下,在50分钟的课堂上,这些老师要写满12黑板以上的板书。有兴趣的朋友不妨自己试一试,即使不让你说话,写十几黑板字的工作量是一个什么概念。中间学生提问题,老师回答时,也是不厌其烦地及时写在黑板上。这种一丝不苟、不打折扣的工作态度,很值得我个人学习。

当然,并不是所有课的老师都能达到这种熟练程度。但是有一种现象是绝对没有的,那就是照本宣科。我们做过学生的人都知道,最受不了的就是拿着教材照本宣科的教学方式,上这种课简直是一种折磨!

不耽误一分钟,这是斯坦福老师的另外一种敬业精神。我特别关注了一些细节，特别写出来供将来想成为老师的和已经是老师的朋友借鉴。

第一，上课时间一到，马上开讲，不等待迟到的学生。特别是我上的两门数学课都是早上九点开始，总有一些同学不能按时到，老师也不等。有人会觉得这是不是不太为学生着想？其实不是，你要知道学生的习性，你今天等5分钟，9：05上课，那帮迟到的学生下次会9：10到。这样无限地等下去，一节课就不用上了。这其实是一种对学生负责任的态度，告诉他们你要养成一个好习惯，下次不能迟到了，否则会错过重要的教学内容。

第二，上课之前，老师把今天发了什么讲义，该交什么作业，答案在什么地方拿，最近的考试安排，课程有什么变动，都写在黑板的一个醒目位置上。上课的时候就不再耽误时间说了，更重要的是，后来的同学也知道今天的安排，不至于错过重要的信息，影响学习。同时老师也不需要反反复复给后来的同学解释。这一点对我也非常有启发。我要宣布一个重要消息，特别是与考试有关的，上课开始时宣布，迟到的同学听不到；下课结束时宣布，早退的同学听不到。写下来，谁都不会错过，而且同学们抄下来，不至于忘了、弄错了。

第三，不讲任何与教学内容无关的事情，朴实单纯，没有任何花里胡哨的东西。所有的课都是如此，这一点最让我震惊。

第四，没有提前下课的。每节课50分钟，如果提前5分钟以上完成了今天的教学任务，他们会把下节课的内容提上来讲。他们不会用让学生自习，提问题，做作业的方式来把剩余的时间打发掉。

第五，充分利用课堂中的每一分钟。授课中间避免任何拖延时间的举措。这里只举一个细小的环节。"信息论"课的老教授，因为一个学生提问题，涉及以前课堂内容，他要查找过去的讲义，他边找边说了这么一句话："为了节约时间，我在查找的过程中，给大家解释一个重要的概念。"这种意识就令人感动。

能不能讲出激情，特别是内容抽象的学科，可以看出这个老师是否达到了"好之乐之"的境界。斯坦福的老师上课时显得特精神，精神饱满，激情四射。特别是我的语言学系导师柯帕斯基教授和信息论课的卡维尔教授，他们年龄都在70岁以上，但是上课中间讲到精彩处，会像小孩那样，突然提高声音，激动不已。这种学术天真是他们保持创造力的一种体现。他们真正是爱这一行，把生命都放在学术上的人。

还有一种现象值得我们借鉴，那就是资深教授之间的"不耻中问"。在我修读的课中，经常可以看到同系的其他老教师也来听课。这是一种风气，老师之间相互切磋，相互学习。西方大学有学术休假制度，教学三年可以有一年不用上课，本来也可以到海外散心，但是有些老师则留在斯坦福，边旁听其他老师的课，边做自己的科研。这也可以理解，像我这样的，从新加坡国立大学来到斯坦福，这是向人家"取经"；如果斯坦福大学的教授到新加坡去，就成了"传经"。所以为了提升自己的人，还是选择停留在这个大师云集的地方相互取经。

培养学生的动手能力，老师需要投入巨大的精力，恐怕不比备课轻松。每门课都有定期的作业、独立的研究课题，像数学这种性质的课，都有期中考试和期末考试。老师及时地把反馈意见给学生，据此学生可以调整自己的学习策略。

导师指导学生写论文的过程，就像制造一个精密仪器一样，每一个细节都不放过，每一个环节精益求精。特别是博士论文，篇幅长，内容复杂，导师往往会牺牲周末的时间把论文看出来，一周之内会给你反馈。老师的反馈越详细、越及时，学生的进步也越快。

大师不是像气球那样吹出来的，而是每个细节、每个过程一点一滴培养出来的。细节决定成功，对于教育来说，千真万确。我们的教育太粗犷了，并没有教学生如何找题目，如何写论文，就让他们毕业之前完成多少指标。

美国老师的敬业精神，还表现在他们的执著和专一上。似乎他们只做一件事，就是教学、研究。即使吃饭时间，他们都是用来谈科研的。

美国老师的一大能耐，我很赞叹，那就是记住学生的名字，弄清楚班里都谁是谁。在斯坦福，我旁听过不少本科班，小的二三十人，大的五六十人，老师第一、第二节课就能认清谁是谁，班上有什么活动，就能叫出名字，而不是手指着说"你，说的就是你"，或者，"喂，最后一排的中间那个学生"。我们做过学生都有这个感受，老师能这样，让学生觉得，他们不再是一个抽象的符号，或者仅仅是班里的一个人头，而是一个特殊的"我"，那么就会增加他们的信心、成就感，特别是与老师之间的亲密感。这些小小的细节，都很有利于学生的成长。

曾任耶鲁大学校长的施密德特2010年发表文章，对中国教育进行了批评，其中提到："他们的学者退休的意义就是告别糊口的讲台，极少数人对自己的专业还有兴趣，除非有利可图。他们没有属于自己真正意义上的事业。"这话有些极端，甚至有些以偏概全。但是从整体上看，美国老师确实大多数都是把教学看作自己的事业，我们的老师确实在这方面是有差距的。

学生的好学精神

敬业的老师加上好学的学生，是一流大学必须具备的人的因素。教好是老师的事，学好是学生的事，这是两件不同的事。

讲一个我在斯坦福的小经历。2011年2月的一天午饭时候，我打好饭一个人坐在一张空桌子上，因为周边的桌子都坐满了人，一位亚裔学生端着饭问我是否可以跟我坐在同一张桌子上，这也是美国人的一种礼貌，遇到这种情况都要征求一下先坐下者的意见。我当然同意了。当时我心里在想，看看这位学生会不会拿出书来，边吃边看。果不其然，这位同学一坐下就马上拿出一本书来，一直到我走的时候，都还是低着头，边吃边看。这种事情在这里太正常了。

我常常以我1979年度大学的学习精神来鼓励现在的学生。那时候到食堂排队打饭，都是拿着英语单词卡片在背。在斯坦福大学，从20世纪90年代至今，我看到的情况一直都是如此，吃饭看书太稀松平常了，我那时的学习行为根本就不值得一提。

斯坦福的校园又大又漂亮，到处都是凳子、花丛，应该是最适合谈情说爱、花前月下的地方。我在斯坦福生活了这么多年，一到晚上校园里静悄悄的，从来没有见这种搂搂抱抱、亲亲热热的现象。只见图书馆的灯、各个实验室的灯亮到深夜。

课堂气氛最能表现学生的学习态度。交头接耳、窃窃私语的现象没有见到过，大家听课非常规矩、非常安静。但是课堂上时常有学生问问题，问题全都是针对老师讲课的内容，包括两类：一是学生自己听不懂的地方；二是老师没有讲清楚的地方。我在我的课堂上经常被问的问题是"这门课是怎么考试的""作业算多少分"？尤其是在学期开始的时候学生就这么问，很明显，他们是来拿学分毕业的，不是来学知识的，恨不得让老师给个分数扭头就走。然而在斯坦福的课堂上从来没有见学生问这样的问题。问什么问题，不问什么问题，反映出来的是学生的学习态度。

不问问题和乱问问题，都是问题。

新加坡的学生是不问问题的，尊师重道已经达到怕难为老师、怕问问题让老师难堪的地步。各个学生都是乖乖孩，都规规矩矩的、低眉顺眼。举一个例子。在我的讲义上，把"新加坡"打成了"新加波"，三年时间没有一个学生告诉我这个"波"打错了。最后还是我自己发现改过来了。他们一定是怕说出来让我难堪。新加坡素以教育好而著称，其实他们所谓的好就在懂规矩上，这种已经被训练得连这么一个小问题都不敢说的学生，你还能指望他有什么求真的勇气呢？斯坦福的学生给我的印象是，老师的这些问题，学生是不会放过的。

在提问题上，国内的学生又走向了另外的极端：一个是显摆，一个是蔑视讲者。我遇到这种人，自己滔滔不绝发表自己的观点，主持人劝说，还是不听，他们是把这个看作自己发表高见的机会了。还有一些人是不赞成你的观点的，你不懂，我应该认为是如何如何。参加讲座，是来听别人的观点的，他说的不一定是真理，也没有人强迫接受他的观点。你的任务就是弄清楚讲座者的观点就行了。

很多人认为美国人坦诚,听学术讲座的文化很值得我们借鉴。我参加过四场菲尔兹奖获得者的讲座,那场面之大就跟咱们办一场著名歌星的音乐会一样。听众中间有诺贝尔奖获得者,有美国科学院的院士,很多都是各个领域的风云人物,他们一定有自己不同的看法,然而没有一个人站起来说:我不同意你的观点,我是这么认为的。

学生们的好学,还可以从教授办公室的情况上看出来。不少人都知道医院专家门诊,一个专家坐在自己的办公室里,外边有一排凳子,病人坐在上面,一个一个让专家诊断。斯坦福教授的门口也常有若干个凳子,办公的时间,学生会排着队来问问题,一个一个让教授诊断解决。这种场面我印象特深刻,在新加坡和其他地方从来没有见过。

病人是身体上有问题,学生是知识上有问题,都需要"医"好。病人如果医不好,就不能健康地生活,甚至酿成大病,最后垮掉了身体;学生如果不能健康地学习,最后可能掉队,甚至完不成学业。

在中国教育史上,学习风气最好、最出人才的就是2500年之前的孔子学院。这最突出表现在问问题上。

第一,勤问。一部《论语》最多的就是"问这问那",什么都问,有问君子的,有问政的,有问仁的,有问耻的。孔子学院实行的就是问答式教育。

第二,善问。学生的善问,不光让老师说出自己的观点,还让老师讲出自己系统的思想。子贡的"问士"是一个典型的例子。子贡也问:"如何才能算是'士'呢?"孔子回答的角度则大不一样:"对自己的行为能够保持羞耻之心;出使他国,能不辜负君主委托的使命。这样的人,可以称为'士'了。"子贡显然听出这是老师针对自己而说的,他利口善辩,是个外交人才,所以老师才说"行己有耻,使于四方,不辱君命"。子贡也很有抱负,知道像他这样的"士"只有个别人才能做到,那么他还关心次一等的士又是如何。子贡接着问，孔子就接着答："宗族里的人称赞他孝顺父母，乡里的人称赞他敬爱兄长。"子贡明白，老师谈的第一类是"国士"，第二类是"家士"，那么一个人还要跟别人打交道，"士"又应该怎么表现呢？因此子贡说："我斗胆再问，更次一等的士如何？"孔子回答说："许下诺言后，不问是非曲直，一定守信；做事也不论结果好坏，一定要坚持到底。这一类糊涂而固执的小人，也可以作为次一等的了。"这一类精神确实有可称道之处，然而效果不一定好。三类士谈完了，俗话说"事不过三"，子贡还不满足，继续往下问："如今从政的人又如何呢？"孔子感叹道："咳！这些气量狭小的人，哪里算得了士？"

子贡善问，一步步诱引老师对士做了全面的阐述，孔子不仅把士分出类别，而且给出档次。而且子贡也让孔子说出了对当今执政者的看法。

第二，敢问。宰予的胆子很大，啥都敢问。根据《大戴礼记》，宰予一次问老师："容伊说黄帝活了300年，请问黄帝是人么？是人，怎么能够活300年呢？"孔子的回答也出乎人们的意料："黄帝活着时人们得到他的恩惠100年，他死后人们敬畏他的灵魂100年，离开人世后人们用他的教导100年。"（生而人得其利百年，死而人畏其神百年，亡而人用其教百年）这不正好三百年吗？

第四，追问。据《论语·宪问》，子路向老师"问君子"，孔子只回答了四个字："修己以敬。"子路不耐烦地说："如斯而已乎？"（就这么多了吗）孔子又进出了一句："修己以安人。"子路又一句："如斯而已乎？"孔子再加上了一句："修己以安百姓。"子路问的技术含量比较低，性急，唐突，让老师发挥失常，水准也不高。孔子后面两句"修己以安人"与"修己以安百姓"，真看不出有什么差别，难道"人"不包括百姓吗？显然，孔子是在搪塞子路。

正是这种教学氛围，它出了一个影响世界的中华民族的圣人，还有一批对中国思想文化做出杰出贡献的大师。

　　一个没有问题的人是不会有出息的,一个没有问题的学校是不会出大师的,一个没有问题的民族是不会真正强大的。

师生之交淡若水

老师和学生之间应该是"淡若水"且"和而不同"的君子之交,应该是相互尊重的平等关系。任何权威或依附都会妨碍真理的探讨。

以前讲"师道尊严",现在又有学校提出"为学生服务",似乎师生关系一定要有个"主从",不是西风压倒东风,就是东风压倒西风。

我觉得最理想的学生关系是"谁也不用讨好谁"。老师按照本学科的规律特点,把课上好;学生根据学科的要求和自己的兴趣把学习搞好。只有这样的教育,才能不断进步、后继有人、长盛不衰。这是我对东西方教育长期观察以后得出的结论。

一提到"师道尊严",人们就会追溯到孔子那里去。其实,孔子是很民主的,他跟学生之间的关系也比较轻松,所以孔子学院才能出那么多杰出的人才。我讲几个案例。

孔子与学生的平等表现在问问题上,弟子问孔子,孔子也问弟子。《论语·阳货》记载,一次子贡问孔子:"君子有没有憎恶的事情?"孔子说:"当然有啦,憎恶那些说别人坏话的人。阿赐呀,你有没有什么憎恶的事情?"子贡回答:"憎恶把侥幸得手当成聪明的人。"

正因为孔子教育的气氛很民主,孔子讲完以后,学生还可以补充甚至比老师更精彩的言论。

> 子贡问曰:"贫而无谄,富而无骄,何如?"子曰:"可也。未若贫而乐道、富而好礼者也。"子贡曰:"《诗》云:'如切如磋,如琢如磨',其斯之谓与?"子曰:"赐也,始可与言《诗》已矣!告诸往而知来者。"(《论语·学而》)

这段话显示出一种最美好、最理想的师生关系。子贡先提出自己的高见,孔子说不错,并接着提出了更高一层的见解,接着子贡用《诗经》对老师的话做出了精辟的概括。结果,孔子大为赞赏,阿赐呀,告诉你过去,你就可以推知来者,以后我们可以一起来讨论《诗经》啦。孔子不愧是一个伟大的教育家,能有这样气度的老师并不是很多。作为老师都可以反躬自问一下,如果学生表现得比自己还优秀,在讨论中占了上风,你会怎么样?会不会觉得失面子?会不会觉得酸酸的不是滋味?会不会拿别的话题杀一杀学生的威风?会不会批评学生太傲气了?在知识面前人人平等,孔子以身作则,仍然是值得我们今天的学人借鉴的地方。

正因为子贡有这样的学习环境,他后来成为大商人、杰出的政治家,同时对儒家理论做出了杰出的贡献。叔孙武叔在鲁国的宫廷上跟其他大夫说:"子贡贤于仲尼。"(《论语·子张》)这话不是空穴来风,也不是在拍子贡的马屁,看看上面这则对话就知道了,即使不说子贡比孔子水平高,起码也不低。《论语》中关于子贡和孔子的互动很多,在我看来,不少时候,子贡确实青出于蓝胜于蓝了。

孔子不仅民主,而且和善,这可以从学生敢对老师的话不满意甚至批评上看出来。一次子路向孔子"问君子",孔子回答了四个字:"修己以敬。"子路很不耐烦地追问:"就这么多吗?"("如斯而已乎?")孔子又补充了一句:"修己以安人。"子路还是不满意:"如斯而已乎？"孔子又蹦出了七个字:"修己以安百姓。"(《论语·宪问》)还有一次，卫出公要任用孔子，子路就问孔子:"你做好准备了吗？人家任用你，你先从哪里着手？"孔子回答:"必也正名乎！"子路:"正什么名！您怎么迂腐到这步田地！"子路不仅仅是跟老师平起平坐，甚至有点儿"凌驾"于老师之上了。由此可以看出，孔子平时对学生是很宽容的，否则，如果觉得学生有一点儿不敬，孔子就大为光火，甚至把他逐出师门，杀一儆百，谁还敢这样。

弟子也可以提出与老师观点不一样的看法。孔子主张父母去世之后应该服丧三年，宰予一次找到老师说:"三年太长了，我觉得一年就行了。君子三年不习乐，不讲礼，必然导致礼坏乐崩，对精神文明建设不利。人们要春种秋收，你一年到头哭哭啼啼，吃什么呀！对物质文明建设也有害。"孔子马上问道:"这样做于你心安吗？"宰予回答了一个字"安"，转身就走了。孔子当时是对宰予不满，事后也对宰予有看法，一次宰予白天睡觉，孔子骂他为垃圾("朽木不可雕也，粪土之墙不可污也"，《论语·公冶长》)，但这是人性的弱点，孔子也不免俗。但是，这件事情起码给我们透露出一种信息，孔子学院没有这种禁令:"无条件服从老师，不许提不一样的观点。"

在我看来，孔子学院的师生关系与当今世界著名大学的最接近。孔子学院中的师生关系是健康的、理想的、向上的，这是由他的办学目的决定的。孔子和他的弟子都有一种使命感，为当时无道的社会寻找出路，探求社会人生的真谛，让人们的生存环境变得更加美好。正因为孔子学院的学生有了这种使命感，学生才能始终跟随着老师，在周游列国的途中，那种挫折磨难是难以想象的，都没有摧垮他们的精神。弟子有被贬、被骂甚至被开除学籍的，仍然痴心不改，就是因为他们对社会有共同的责任心，都是有大担当的一帮君子。如果教育没了使命感，老师和学生就会丧失了精神，师生之间的关系必然会走了调。

然而，一旦掺杂了私利，或者为了牟利，或者为了声誉，抬高自己打压别人，甚至发展自己毁灭别人，教育就会变味、走样。

孔子去世之后，孔子办的学校的调子就变了，这是因为条件变了。第一，要避免树倒猢狲散，需要一个领袖，他们选择了家庭式的操作模式。首先把孔子上升为父亲，孔子去世后大家行父子礼，给孔子守丧三年，弟子之间自然就成了兄弟。这种家庭化的运作模式，是在特殊条件下形成的，对我们今天的教育文化仍有深刻的影响。第二，要向国君推行孔子的理论，让天下人尊崇老师的学说，就必须把孔子神化、圣化，子贡、宰予他们的"造圣运动"中的一句口号就是"自由生民以来未有贤于夫子者"，把孔子上升为自有人类以来最伟大的人物。这样，孔子与学生之间的距离就拉开了，也与人们越来越远，越来越让人觉得他威严难以亲近。

其实，孔子是明确反对把他圣化的。有次太宰问子贡："夫子是不是个圣人？怎么这么多才多艺呢！"子贡回答说："上天要造就这么一个圣人，所以才赋予夫子这么多才能。"孔子听了老大不高兴，说："太宰了解我吗？我因为小时候家境贫困，所以才学会了很多生存的技能。"孔子表面上说的是太宰，实际上是不满子贡把他圣人化。孔子的伟大正在这里，他始终能以一颗平常心来看待自己。孔子实际上是被"圣人"的。

大家都尊崇"大师"，拥戴"泰斗"。但是不论是教育界还是学术界，一旦有人"被大师""被泰斗"，特别是有人"谦虚"地接受了这两顶高帽，对所有当事人来说都不是一件好事，假如还没有糟糕成一场灾难的话。对于学生来说，大师的话，你敢不敢不听；泰斗的理论，你有没有勇气去质疑。对于大师或泰斗自己，不自以为是还能有别的选择吗？那些愚民的反馈还值得一顾吗？大师、泰斗一旦出现，必然把教育引向求名利，出现学术思想上的独裁专制，这与科学中的求真是相悖的。

大师、泰斗，还有所谓的专家、学术权威，形成了思想领域的"特权阶层"，控制了"正确观点"的权利；那些学生，还有大众，被迫或自动交出了独立思考的权利。这跟政治界、经济界的情况是一样的，一旦有了特权，必然导致不公。

孔子去世之后，他的弟子就把师生关变成了父子关系。这一直影响到今天，现在学术文化界，老师和学生之间的关系，主流仍然是父母和孩子之间的关系。江湖上也是如此，师傅和徒弟，情同父子。

国内教育界有一种说法，认为西方的老师和学生的关系像朋友。这也是一种误解。朋友之间生活上相互关照，感情上经常交流，信息上内部分享，遇到困难则提供帮助，在是非和情感选择上，有时情感第一，是非第二。不排除在博士生阶段，导师和学生长期合作而培养起来的情感和友谊，但是通常这只限于学术领域，不会或很少触及生活层面。我观摩了斯坦福大学文理各个学科的本科生上课，没见过哪个老师特别喜欢某些学生，也没有见过课前课后，某几个学生缠着某个老师，说东说西，想跟老师建立一种特殊的关系。我不敢以偏概全，根据我读书工作过的三所美国大学，它们的老师和学生的关系基本上是君子之交淡若水——我教好我的课，你学好你的习，谁也不用讨好谁。

国内各种重大节日，特别是教师节前后，学生常给老师送些礼物，问候一下，各级学生毕业盛行一种"谢师宴"。其实，老师的尊严哪能靠可怜的学生的这点东西来建立，主要看政府给他们的政治地位和经济待遇。学生毕业，当然是一件值得庆贺的事。在美国这里，研究生毕业，都是老师请客，因为老师又有一个新产品问世了。如果真要庆贺，我们是否可以借鉴一下？

最理想的师生关系不是父子关系，也不是朋友关系，而应该是一种君子关系，君子之交淡若水，大家为了求真的目标走到一起来了。

我对斯坦福多个系科的课堂进行观察，发现这么一个共同现象，老师从来不干涉学生的学习方式和态度，迟到、早退、上不上课，老师从来不过问。有些学生上了大半节课才进来，还有些学生可以中间离开，老师看都不看一眼，更不要说批评了。以至于课后如何学习，老师从来不在课堂上讲。老师摆明一种态度：学习是你自己的事，你只要把作业按时交来，考试过关就行；当然，不过关也是你的事。老师只要把书教好就行。

中国传统教育中，往往把教学的责任推在老师的身上，学生没学好，要么是父母的责任，要么是老师的过错。《三字经》的这几句话就是这个意思：养不教，父之过。教不严，师之惰。还有一种说法，"没有学不好的学生，只有教不好的老师"。似乎学好学不好与学生没有什么关系。这里有一个逻辑，似乎老师教好了，学生自然就学好了。这个逻辑是有问题的，老师教得再好，学生不去学也是没有办法的。斯坦福的教育给人这么一种启发：教好教不好，这是老师的事；学好学不好，这是学生的责任。各自努力做好自己的事情，互不干涉。

我在斯坦福这么多年，给我印象最深刻的一点是，不管是在公开的场合还是私下里，没有见过任何老师讽刺、批评、训斥、惩罚过学生，也没有见过任何学生抱怨、蔑视、谩骂、反抗过老师。气氛是那样的祥和！斯坦福的老师很多都是国际知名学者，眼光和要求都非常高；斯坦福的学生也都是全世界选拔来的尖子，互相对对方的期待都很高。按常理是很容易产生矛盾的，而这里却没有。能做到这一点可不容易呀！老师和学生各自守住各自的道：老师要尽职尽责，提供最优秀的教学；学生要认真努力，表现出最优秀的学习。此外，背后不仅要有强大的道德规范在约束自己，还要有一个共同的目标，那就是追求真理。

东方教育中有一个误区，似乎师傅横眉冷对，学生战战兢兢，才能出人才。不是有这样的说法：打是亲，骂是爱，不骂不打出浪荡子；棍棒之下出孝子，板子之下出才子。这也许有些道理。但是不管哪个领域，在一个自由轻松的氛围之中，高手的能力才能得到充分的开发，智慧才能完全发挥。

放眼欧美

小班教育

办教育者一定要懂得，大师或高端人才是精雕细刻、反复打磨出来的，不可能批量生产。只有从事大生产的技术工人才可以集体培训、批量生产。

再来看看美国几所著名大学的情况。我统计了几所著名大学的师生比例，包括哈佛大学、斯坦福大学、普林斯顿大学、麻省理工学院、加州理工学院，它们的教师与本科生之比，一般在1∶5上下，加上研究生，老师和学生之比不超过1∶10。小而精办学模式最成功的典范是加州理工学院，本科生和研究生加起来也就2000人出头，学校的教师大概有300名，然而它的成绩斐然，其毕业生中有22人获得诺贝尔奖，在世界大学中名列第八，并培养出了许多著名的学者，钱学森先生就是于该校获得博士学位的。

从大学的宣传侧重点上也可以看出东西方办大学理念的显著差别。中国大学往往热衷于学校的规模大、人数多，然而西方的大学则跟我们正好相反，他们讲究的是小而精。我们的大学宣传，倾向于强调学校人数如何之多，比如有若干万名本科生，若干万名研究生，似乎多了大了就牛。然而西方大学的宣传策略则正好相反，比如，斯坦福大学在宣传自己的一则广告中，特别说明，它70%左右的本科班级都在20个学生之下，这意味着学生有更多的机会接触老师，教学质量更能得到保证。

当然，造成上述现象还有一个社会因素。中国大学的运作主要靠政府拨款，而政府拨款的标准之一就是大学的招生人数。结果，很多学校为了求生存，就不得不扩大招生规模。但是我们必须清楚地认识到，这是拖累大学培养人才的因素之一。

新加坡人的办学理念完全是商人式的，他们考虑最多的是如何在经济上划算。我在新加坡国立大学教书，大学有这么一则规定：凡课堂不足20个学生的课程，大学认为经济上不划算，要求两年开一次，或者干脆取消，以节约开支。不论是只想省钱的教育，还是只想赚钱的教育，恐怕都与大师的培养越来越远。

根据我自己的读书经验，小班教育是培养人才的重要保证。在20世纪80年代，很多专业一年只招一两个研究生，而且宁缺毋滥，招不到好学生就空下来。我读研究生时，一个专业只有一两个学生，全国同一专业的研究生加起来也就是二三十个人。但是那时候的成才概率相当高，绝大多数研究生学有所成，在大学担任了职位，并在学术上有所建树。可是近些年来，同一个专业一年就招几十个人，三届加起来就是一百多人。但是这么多毕业生，却很难找到20世纪80年代那种成才者。原因很明显，一个老师带几十个研究生，学生读书三年几乎没有机会跟老师面谈，学生不知老师，老师不知学生，这样的教育怎么能够培养出人才呢？

小班教育，应该是从中小学就开始了。记得在克林顿执政期间，美国中小学发展的目标之一就是把班级缩小为20个学生一个班。根据我在美国的调查，中小学的班级大都在20～30人。可是中国很多中小学的班级，特别是一些重点中学，常在50人以上。这种大兵团式的教育模式，既拖累了老师，也埋没了学生，恐怕与大师的培养越来越远。然而，为了国家的未来，这种教育的投资是不能"节约"的。

根据 2008 年的统计，中国授予博士学位 5 万多个，世界第一。全国大学毕业生 559 万人，也是世界第一。在数字上确实是发生了翻天覆地的变化，但是只能说明高等教育开始走向大众化，还远远说不上是科学文化的强国。

中国教育有两个误区：一是"素质教育"；二是"精英教育"。

素质教育似乎成了"知识佐料"，让学生在功课之外，再掺和一些体育、音乐、美术，好像就有利于孩子们将来成才。真正的"素质教育"在于教学的质，学生如何在老师的精心教育之下，对知识融会贯通，转化成能力，富有想象力、创造力。

"精英教育"通常是把教育资源集中在少数考高分的学生身上，或者把大量资金投资在少数重点学校上，造成教育界的贫富不均。然而高分者不一定高能，在只讲规模的教育模式中，更多有天分的学生被忽略、被埋没。

总之，"大学"之"大"，到底大在何处，这是我们应该认真反思的一个问题。在我看来，一所大学是否真"大"了，关键要看它能否培养出"大师"。

没有大担待、大气魄的教育理念，也就不可能培养出世界级的大师。"惠普"（HP）曾是世界销量最大的电脑品牌，HP 分别是公司创办人名字的第一个字母，他们的全名分别是威廉·休利特（William Hewlett）和戴维·帕卡德（David Packard），两人都是斯坦福大学的毕业生。他们给母校捐款盖了一栋教学大楼，学校为了纪念他们，在大楼的墙壁上悬挂着他们的相片和赠言。帕卡德的赠言是这样的："我们国家未来的强大，不能再像过去那样主要依赖自然资源和地理优势，只能靠人民的坚韧、能力和远见。在这个方面，斯坦福和所有其他著名的大学必须明确自己肩负着责无旁贷的责任。"

其中的真知灼见、忧患意识，特别是大思维、大视野、大担待，对我们的大学教育不无借鉴之处。

精雕细刻出大师

大师不是产品,不能批量生产,更不能为了追求利润而增加数量。精雕细琢的教育才能出思想家和科学家。

在英国《泰晤士报》一年一度的"世界大学排行榜"中,加州理工学院曾连续五年名列第一。迄今这个学校的教师队伍中已经有 20 人获得诺贝尔奖,在他们培养的毕业生中则有 22 人获得诺贝尔奖。要知道这个学校的规模很小,教师只有两三百人,本科生和研究生加在一起也就是 2000 多人。

加州理工学院为何能获得如此骄人的成就?个中的奥秘很难一下子说清楚,就让我带领大家到这个校园直观感受一下吧。2015 年的秋季,我利用学术休假的机会又回到加利福尼亚,期间专门开车探访了这所大学。

我来到数学系和物理系大楼,走进一个教室,只见正前方的墙壁上装有六块黑板,上下可以滑动,所有黑板上都是用粉笔写的密密麻麻的公式定理。其实,这种情况并不是加州理工学院独有的,斯坦福大学也是这样。之前我在该大学访学期间,听过多门数学、物理和统计学方面的课程,没有老师用幻灯片的,全部是粉笔板书,上课时老师把公式推导和语言表述都写在黑板上,学生在下面跟着记笔记。课堂上老师讲解和学生提问的内容,也常被写在黑板上。他们根据学科的特性，仍保留"手写"的传统教学方法。

采用传统的板书教学方法，取决于教学内容的特性。像数学、物理这些学科，不仅有大量的抽象符号，而且基本是定理证明和公式推导，如果使用幻灯片，就不会给学生留下什么印象，学生也很难理解公式定理的推导过程，结果也就无法掌握好这些课程。

加州理工学院有一种黑板装置很独特，我在其他大学没有见过这样的。我走在数学物理系大楼的走廊里，发现任何装饰品都没有，只有墙壁上镶嵌着一块长长的黑板，旁边放着粉笔和黑板擦。我定睛一看，黑板上写着数学矩阵公式。走廊里的布置朴素得不能再朴素，除了一块黑板，啥也没有；黑板上的内容单纯得不能再单纯，除了数学推导，不见任何乱七八糟的字迹图案。这些地方很能反映这个学校老师和学生的心态，说明他们的师生心里只装着一件事，就是一心只考虑本学科的问题。

加州理工学院

数学物理系的大楼走廊没有任何装饰画，只有一块写着数学公式的黑板

走出数学物理系的大门，往旁边的一栋大楼的上方望去，只见墙壁上镶嵌着一个时钟。这也是加州理工学院校园文化的一大特色，多处的墙壁上都

装有时钟，走不多远就会看到一个。我想，这不仅仅是一种校园装饰，它始终在提醒着年轻的学子时不我待，要珍惜光阴。

加州理工学院不在面子上下工夫，不好大喜功，而是下"笨工夫"。该校始建于 1891 年，当初就是一所职业技术学校。即使今日已经成为一所世界知名大学，他们仍然保持着原来的校名不改，还是叫"学院"。而且他们也不扩招，不在办学规模上与人比高低，始终坚持小班教育。加州理工学院坚守一个信念，只有小班教育才能培养出科学大师，因为其懂得科学大师是精雕细琢出来的，只有技术人员才可以批量生产。

校园里的残疾人

盲人也能完成一流大学的教育，这不仅是一种奇迹，而且是一种教育理念。对残疾人的智慧的珍惜，既是一种胸怀，也是一种对健康人的激励。

霍金的学术人生反映出西方人珍惜智慧的价值观

观察一个国家的教育理念，其中一个理想窗口就是看学校如何对待残疾人。师生中有没有残疾人，残疾人能不能在一个校园里独立生存，残疾人可否自己独立从事学习或教学、科研，这很说明教育思想的"进化程度"。

这里所说的"残疾人"，不是指那些腿脚不方便但可以自己行走者，而主要是指那些只有借助轮椅等工具才能行动者，或者完全失去视力的盲人等。

国人大都知道剑桥大学数学物理教授霍金，因为他曾来过中国，得到过中国领导人的接见，并到过多所著名大学做过演讲，还游过包括杭州西湖在内的风景名胜。我读过霍金的科普作品《时间简史》，虽然似懂非懂，但是也感受到了他的思想的深邃和伟大。霍金是剑桥的"牛顿讲座教授"，被誉为活着的爱因斯坦，他关于宇宙和物理的思考影响了人们的世界观。

霍金的学术人生从一个侧面反映了剑桥大学的教育理念。

霍金 20 岁刚出头就患上了运动神经病，四肢肌肉萎缩，无法写作。30 多岁时因患肺炎而接受手术后，又失去了说话能力。他行走靠轮椅，写作靠高科技语音合成，用自己的大脑掌控仪器写作。

我们先不要问中国大学有没有霍金这种科学家，而要想一想中国大学有没有给霍金这样的人提供工作条件？此外，即使我们有聪明如霍金者，我们能够让他在名校里担任要职吗？

西方人对待残疾人的态度，反映出他们珍惜智慧的价值观。推动科学技术发展的是智慧，而这种智慧不一定都存在于体魄健全者的身上。一个能为残疾人提供发挥智慧的机会的国度，它的科学技术不会不厉害，因为这很说明它们对待智慧的态度。

靠导盲犬引导完成博士学位的学生

在美国，盲人也能完成大学学位。1992 年，我刚到美国时，去加利福尼亚大学圣塔芭芭拉分校看望一位朋友，遇到一位盲人博士生，他还跟我们一起到洛杉矶参加美国语言学年会。为了完成博士学业，这位盲人不仅要听课，还要用特殊的电子设备做作业，最后还要写博士论文。当时我就非常震惊，怎么一个盲人还能够读博士学位？后来听我那位朋友说，这位盲人同学不仅顺利拿到了博士学位，还在休斯敦的莱斯大学找到了工作。莱斯大学是美国一所很不错的大学。这就是美国教育的了不起之处！

无独有偶，2010 年我在斯坦福访学期间，在校园里经常会看见一位失明的大学生，他靠导盲犬引导，从这个教室到那个教室上课。可以想象，他的生活中该会遇到多少困难呀！狗是不会说话的，万一路况发生了变化，万一教室更改了，这位失明的学生该怎么办？而很多课程，是需同学做研究报告的，他如何去处理这些事情呢？每想到这些，我就为他担心，同时也打心眼里佩服他的毅力，觉得我们这些健全的人更应该珍惜时间，不做出点儿成绩就对不起自己的健康体魄！一个失明的学生能在斯坦福读书，这不是奇迹是什么？

在美国大学的校园里，坐轮椅的学生到处可见。世界一流大学的建筑设计可以做到无障碍通行。试想一下，这要增加多少建筑费用呀！每个大楼的门都有两种锁，其中一种就是专门给坐轮椅的人设计的，位置低、体积大，便于坐在轮椅上开门。厕所也是如此，每栋楼都有专门供坐轮椅的人使用的特殊厕所。

需要坐轮椅者有两种人：一种是终身残疾者；一种是因为事故而摔伤了腿脚者。后一种情况更多，因为生活中谁也免不了磕磕碰碰。俗话说"伤筋动骨一百天"，100天就是大学一个学期。如果学校的建设没有考虑到这类人的需求，一旦一个学生摔伤了腿脚，耽误的不仅仅是一个学期，可能得推迟一年才能毕业。这种为伤残者提供学习条件的思维很了不起，反映了管理者的一种教育观念：关爱智慧，节约青春。

美国大学的盲人教授来中国讲学

一个国家的幸福指数，可以从残疾人的生活状态上反映出来。在美国，不少残疾人都可以跟正常人一样工作和生活。2007年，我们在湖南组织了一个国际认知语义学会议，邀请了该领域的创始人伦纳德·塔尔米教授，他是纽约州立大学的语言学教授，已经出版了两部大部头的著作，是这个领域的开山之作。

当时是我跟塔尔米教授联系的，邀请他来做大会发言，他爽快地答应了。会议是由湖南师范大学举办的，学校负责塔尔米教授的一切费用。为了尊重远方的客人，我们订了一个离学校比较远的五星级宾馆。我征询他的意见时，他说因为视力不好，希望住得近一些。当时，我还想塔尔米可能是高度近视，没想到在机场见到他，完全是一个盲人。他一个人从美国旧金山飞到北京，中间要换乘两次飞机，终于来到湖南长沙。

他在会议期间做了三场专题演讲。在长沙，塔尔米教授提出两个愿望：一是希望品尝在美国吃不到的地方风味，我们就让他品尝了湖南的臭豆腐；二是希望听一听当地的音乐，我们就安排他去听了湖南花鼓戏。塔尔米教授的心态完全是一个正常人，追求学术，享受生活。

相比之下，中国的残疾人很多都是早早就失去了受教育的机会。就拿我同村伙伴来说吧，跟我年龄相差两三岁的男孩子有20个左右，其中就有两个是因为小儿麻痹症而下肢瘫痪的。他们小学、初中的成绩都不错，但是到了高中，就无法继续学业了，因为要到三里之外的乡镇去读书。家里没有给他们解决交通的能力，学校也没有提供必需的生活条件。很多残疾人不能接受正常人的教育，这是一笔巨大社会资源的浪费！残疾人的智慧跟正常人是一样的，他们中间也有天才，可惜社会没有给予他们施展的机会。

中国高校录取都要经过一道体检，有些人因为体检不合格而失去了读大学的机会。鉴于这种招生制度，绝大部分的残疾者，也都有自知之明，早早就放弃了读大学这条路。中国的大学，我去过近百所，从来没见过一个失明学生在读书，也没遇到靠轮椅才能上课的。

迄今为止，中国大学的建筑考虑到残疾人特殊需求的不多。我去过五六十所中国的大学，几乎没见过为轮椅行走专设的通道、电梯和厕所。

大学是否为残疾人提供学习条件，体现文明与包容

大学是否考虑到残疾人，是否为残疾人提供学习条件，体现的是一种文

明，一种胸怀，一种尊重，一种包容。一句话，它体现的是办世界一流大学的理念和以下方面的素质。

第一，人性的关怀。如果一个大学连残疾人的需求都考虑得很周到，其他方面自然也会很人性化。这样的大学，就会让师生少了抱怨，多了温暖，有利于营造出激发创造力的和谐气氛。

第二，智慧的尊重。通常说"身残志不残"，其实身体条件有欠缺者，往往志向更大，智慧更高，因为他们的生存更多地依赖智慧。如果能让残疾人的智慧都有用武之地，各行各业一定会涌现出更多智者。

第三，才华的激发。试想一下，每个院校的学生中都有一批坐轮椅者或盲人，会有什么样的效果？首先，对那些体魄健全的学生是一种激励。这些残疾同学要弄懂一种知识，掌握一种技能，该比正常人多付出多少代价呀！正常人看到这种景象，就会勉励自己更加发奋努力，这可能比树立学习标兵的效果更好。

第四，平等的权利。平等不仅表现在不同的性别、不同的种族、不同的年龄上，而且还表现在不同的身体条件上。如果让残疾人具有跟正常人一样施展自己聪明才智的机会，体现的是一种平等、公平。

加州理工学院的电梯和厕所

有一种教育是耳濡目染、潜移默化的。精心打造的校园,让学生在不经意时有所得,从而培养他们的专业爱好。

我有一个爱好,参观世界名校和知名企业。因为我有一个信念,可以从"空间"上嗅出书本上感受不到的东西,了解它们能够成功的特殊原因。

小小的加州理工学院为什么这么牛?这也许可以从其校园文化中看出个中端倪。在这所大学参观期间,一些细节让我惊奇。

刚进入学校看到的纳米科学研究所大楼,其迎面墙壁上镶嵌的六个电子屏幕,不断变换着纳米世界的彩色图景。

等电梯的那三两分钟也不让你浪费,电梯口的一侧就挂了一幅纳米结构图,让纳米结构的美,感召学生加入探秘这个世界的队伍。

厕所的一旁挂着一个研究实验示意图,让上厕所的人驻足看上几眼,或许能从中得到启发,甚至来了灵感而做出什么了不起的科学发现。

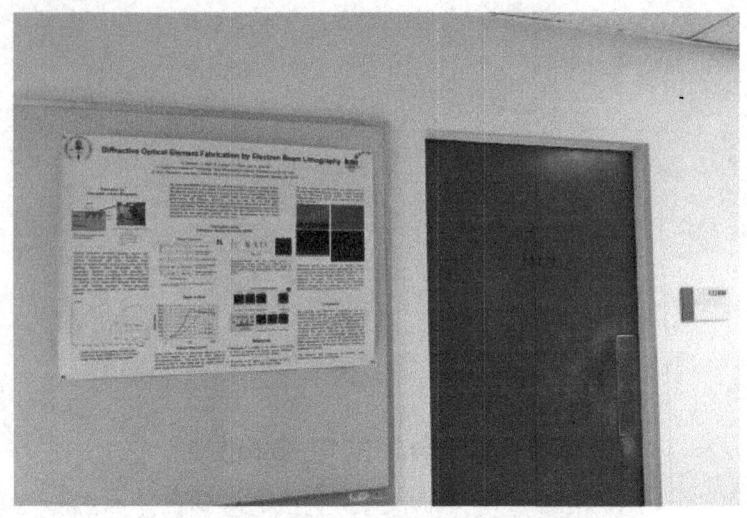

加州理工学院厕所旁的物理实验示意图

加州理工学院大楼电梯旁的纳米结构图

在大楼里，我看不到花里胡哨的装饰，犄角旮旯都是单纯得不能再单纯的"无言"教育。这难道就是加州理工学院能取得如此骄人成就的法宝之一吗？

我发现，几乎所有的知名大学都特别重视加州理工学院这种"感召式"的潜移默化、耳濡目染的教育方式。

美国大学是这样进行节水教育的

言传身教，以身作则，说起来容易，做起来难。特别是有失面子的事情，做起来就更难了。

我见过各种宣传节约用水的文字，诸如什么"水是生命之源""节约用水，从我做起"等。还有很多彩色的宣传图片，比如干涸的土地上长着一棵小苗，尽管这给人的印象也很深，但是这让大城市的人们觉得，干旱离他们很遥远，是老天爷一时疏忽造成的，而且他们节约的水似乎也对远方的干旱没啥作用，所以也很难让人付诸行动。还有一些节约用水宣传画，为了画面漂亮，用蓝色的大海或者湖泊做背景，这让人们感觉到，水资源这么丰富还节约什么呢？

2015年11月下旬的一天，我驱车来到加州理工学院，他们节约用水的教育方式，让我感到震撼。

这是我第二次来到这所大学。加州理工学院的校园十分精美，大大小小的建筑充满了艺术气息，校园花草树木郁郁葱葱，各种独具匠心的雕塑随处可见，还有众多设计精美的小水池点缀其中，粼粼闪亮的水波和流动的水，让校园显得更加生意盎然。然而，这一次我发现，所有小水池里的水源都已经被关闭，干涸的水池中央均竖着一个牌子，上面写着：我们这是在节约用水。这个地区常年干旱，为了响应当地政府的节水倡议，他们关闭了水池的水源。自从 2008 年起，学校的整体用水量已经下降了 37%。

加州理工学院是世界知名大学，学校十分富有，这些小水池是循环用水的，花不了多少水和钱，然而学校却让这些装点校园美丽的小水池干涸着，而不觉这是丢面子，这样做无非是出于教育学生的一片苦心。

学校这种以身作则的节约用水教育方法，对我这位不速之客来说就是"震撼教育"！可以想象，这对那些天天在校园路过的师生会有怎样积极的教育效果。

一次以身作则，胜过千言万语的说教，好过铺天盖地的口号。

加利福尼亚大学的校园文化

加利福尼亚大学有 10 个分校，其中 3 个分校进入全世界前 20 名。该大学系统的总体实力超过任何一所独立的大学，其成功来自于其教育理念，这反映在其校园文化中。

整体实力在世界上首屈一指

2015 年下半年，时值我学术休假在美国访学，11 月下旬的一天，秋高气爽，我来到加利福尼亚大学洛杉矶分校。看到校园里有不少彩色的旗帜，上面写着代表其教育理念的言辞，而这在其他大学则很少看到。

加利福尼亚大学的整体实力在世界上首屈一指，超过任何其他单所大学。加利福尼亚大学共有 10 个分校，个个表现不俗。在上海交通大学的"2016 年世界大学学术排名榜"上，伯克利分校是第四名，洛杉矶分校是第十二名，圣迭戈分校是第十四名，旧金山分校是第十八名。在世界前 20 名的大学中，加利福尼亚大学的分校就占了 4 席。本文就从加利福尼亚大学洛杉矶分校的校园文化细节入手，来看看它们是靠什么教育理念成功的。

"尊重"被列为大学生五种素质之首

进入校园后,我首先见到一面深蓝色的旗帜,这面旗帜上的字母"UCLA",是加利福尼亚大学洛杉矶分校的英文缩写;旁边的字母"BRUIN",是指加利福尼亚最常见的一种棕熊,它被选为这个分校的吉祥物,以此来代表学校的精神。结合整个旗帜的文字,黄线下的英文字母的意思是:"真正的 UCLA 学生应该具备的素质。"黄线上面的五个英文字母代表着大学对学生综合素质的期许,从上到下共五个标准,依次为"尊重"(respect)、"可靠"(accountability)、"诚信"(integrity)、"服务"(service)、"优秀"(excellence)。这跟中国的教育理念有相似之处,但最引人注目的是,放在第一位的是"尊重",它代表着人与人之间相处的道德准则。

悬挂在加利福尼亚大学洛杉矶分校校园里的一面宣传旗帜

在加利福尼亚大学的教育理念中,"尊重"被列为大学生的五种素质之首

西方教育理念认为，不论是教授和学生、领导和群众、丈夫和妻子，还是哥哥和弟弟，都应该相互尊重，尊重对方的人格，尊重对方的观点。因为每个人都有自己的尊严，不管地位高低、性别差异、财富多寡，谁也无权伤害他人的尊严。只有在相互尊重的社会氛围中，每个人的能力才能得到充分的发挥，一个社会乃至国家才能达到最佳状态，才能真正实现"和谐"。

"言胜于行"的教育价值观

加利福尼亚大学洛杉矶分校还有一面旗帜上写着："一个词就是一个世界，用言辞来表达自己吧！"这么简简单单的一句话，却代表着东西方教育的深刻差别。在西方的学校里，他们特别鼓励学生表达自己，说出自己的观点，在思想互相撞击中迸发灵感的火花，在辩论中让自己的观点成熟。西方的学术思想特别活跃，很多新的思想、新的学科都是在互相启发和相互碰撞中诞生的，与这种鼓励"表达自己"的教育方式不无关系。

儒家教育传统则强调"敏于事而慎于言"，孔子认为这样才叫"好学"。那么孔子是如何实践他这个标准的呢？一个学生可能仅仅因为善于言辞，就成为孔子不喜欢的理由。因此，在儒家文化圈里的学校，培养出来的学生大都有一个共同特点：多沉默寡言，不善于表达自己，不敢提出问题。这在很大程度上制约着人才的培养。

鼓励学生创造"个性化"的前途

西方的个性化教育不光注重学生能力的培养，还鼓励学生走属于自己的未来人生。也就是说，谁也不需要跟别人攀比，让自己的生活和事业充满着变数也挺好，活出与众不同的境界。

加利福尼亚大学洛杉矶分校有一面旗帜上的字母就写着："生活就是一

个故事,越不清楚越好。"不少国人可能很难理解这句话,未来的生活怎么会越模糊越好呢?这里就涉及一个人生价值观的差别,就拿乔布斯为例来说明这一点吧。乔布斯高中毕业时,放弃了家门口的两所世界名校——斯坦福大学和加利福尼亚大学伯克利分校不念,而到另一个州的不知名的里德学院读书。他后来这样解释说,上名校的学生都有着单一而明确的前途,无非就是好工作和高工资,而且这些学校的学生大都太物质化、太功利了,他想要一个新奇的或者说具有冒险刺激的前途。

与此遥相呼应的是另一面旗帜上的一句话,意思是:"竞争从这里开始,创造一个属于自己的未来。"它用了一个超大的字母"X",那意思就是每个人的前途都是一个变量,谁跟谁的都不一样。那么,如何实现自己个性化的未来呢?竞争是唯一的途径,就从竞争中发展自己,让自己变得更强大。

建立健康的竞争机制、鼓励竞争意识,是培养人才的必由之路。这种教育理念鼓励学生创造一条与众不同的发展道路,这样的人生才有价值。

体育跟音乐和绘画一样都属于美学

审美意识是大学生的重要素质之一。一提起"审美",大家首先会想到音乐与绘画,然而,有面旗帜写着:"身体是美丽的,大家习惯于用它。"这就是鼓励学生多锻炼身体,保持形体美,从美学的角度来鼓励学生从事身体锻炼,可以说是别出心裁。

另一面旗帜则强调"音乐应是生活的一部分,生活离不开音乐",鼓励大家多欣赏各种音乐。

这所大学还有一个非常上档次、成规模的艺术博物馆,收藏着不同民族的艺术品,其中有不少是美洲本土印第安人的艺术品。

博物馆参观免费,旨在培养学生的审美意识。我到过的世界名校,都很重视博物馆的建设。斯坦福大学也有一个规模很大的安德森美术馆，收藏了不少艺术珍品，我在那里读书时经常去参观。重视博物馆的建设，体现了西方的教育理念，他们认为博物馆是培养学生审美意识的重要一环，是一个无声的美学课堂，不仅可以提高学生的艺术修养，也能激发学生学习科学的热情，科学探讨就是发现自然现象的美——规律。

遗憾的是，我去过几十所中国大学，还没有见过哪所大学有博物馆。中国未来的大学发展，博物馆的建设恐怕是不可或缺的一环。

"宇宙黑洞"下落到校园

加利福尼亚大学洛杉矶分校的校园里，有一个大水池，它看上去很特别，因为人们见得最多的是"喷水池"，而这个则是"吸水池"，这是根据物理学中的"宇宙黑洞"概念而建造的。把抽象的科学概念变成校园的艺术装饰，让学生在潜移默化中领略科学的审美价值，由此可见学校管理者的匠心。

加利福尼亚大学洛杉矶分校的校园里以"宇宙黑洞"概念建造的吸水池

常言道"处处留心皆学问"。对于大学管理者来说，则是"处处用心皆教育"，教育远不限于教室内，校园建设是"无声的教育"，体现着大学的教育理念。从校园文化上，可以悟出书本上看不到的东西。

欧美名校之间是如何竞争的

赛艇比赛虽是一种体育运动,但是没有公平竞争的精神是难以维系长久的。世界名校之间可以把这种校级之间的比赛坚持上百年,实在难能可贵,这从一个侧面反映出人家办好大学的理念。

牛津大学和剑桥大学之间的赛艇比赛已经举办了180多届,哈佛大学和耶鲁大学仿而效之,迄今也举办了150多届。这两组世界名校之间这一年一度的盛事,成了国际教育界的佳话。然而,北京大学和清华大学也模仿,1999年举办了第一届,2009年完成了最后一届,仅仅十届就不欢而散,这到底是为什么?

不论在中国还是在欧美国家,大学之间都存在着竞争,然而竞争目的的差别,折射出的是东西方教育理念上的迥异。我的《为什么中国出不了大师:探讨钱学森之问》和《中国教育与世界的距离》这两本书曾讨论过大学如何良性竞争的问题。恰好,2016年女儿晶晶从新加坡的南洋高中毕业,她们的毕业统考由英国剑桥大学主办,考题由英国老师出,卷子是由英国老师批改,而晶晶最终申请到了美国的加利福尼亚大学,秋季就要去读书。女儿申请大学的整个过程,我都很清楚,这也给了我一个很好的机会来观察

英国伦敦，第160届牛津大学与剑桥大学赛艇比赛在泰晤士河上进行，结果牛津大学以巨大优势击败剑桥大学

欧美大学选拔学生的标准到底是什么。下面以我个人的经验来谈谈欧美大学的竞争机制，主要谈美国大学的情况。

英美名校之间根本不存在争高分考生现象

英美大学也有入学考试，比如美国本科入学有 SAT 统考，英国有 A 级别考试。他们录取大学生时，也很看重高中几年的成绩。然而，没有一所大学会做出这样的规定：考多少分就一定录取你，低于多少分就一定淘汰你。大学之间根本不存在争高分考生的现象，相反，大都事先声明：你考得再好都不能保证被录取。这是因为欧美的高校对考试分数有着不同于我们的解读。

英美的教育者有个共识，一个学生未来的成功并不单纯是由考试分数决定的，一个人的未来成就更取决于动机、激情、毅力、想象力等多种素质，然而这些能力是无法通过考试测试出来的。所以，美国大学往往把统考分数的录取范围定得非常宽泛，有些大学干脆就不做任何硬性规定，不划录取分数线，统考分数只作为众多标准中的一个参考项。考试分数只是学生能力的一种反映，考生只要有足够的证据证明自己是优秀的，就有机会被录取。而且每个大学都有自己独立制定的录取标准，政府无权干涉。结果就会经常出现这样的情况：一个SAT分数1700分的学生可能被某名校录取，而考了2300分的学生则可能名落孙山。没有人能以此为理由来状告学校不公。

剑桥大学的招生说明指出，社会上误传只有每门课成绩都是A的考生才会被录取，其实并没有这样的规定，各门课成绩都是A的学生不一定被录取，分数不太理想的也可能被录取，只要申请者能证明他们是同辈中出类拔萃者就有机会进剑桥。

为了判断申请者的素质，美国大学采取的标准也是多种多样的，除了考试分数，还要中学老师的推荐信、社会实践活动证明等。国际上一些知名的大学还要对每位新生面试，以了解新生的综合素质。

每位考生必须向所申请的学校与一封"求爱信"

在美国，不论什么级别的大学都要求申请者必须提交一份"学习陈述"，说明申请的动机和理由，以及计划如何学习。这个"学习陈述"是美国大学录取的重要依据。大学这样做就是摆明一种态度：你首先得理解我，我才会选择你。

美国教育发达，突出表现在个性化办学上。每个大学有自己的特色，也都有自己的长项。这个"学习陈述"就相当于一封申请者给大学的"求爱信"，大学管理者可以从中判断申请者对学校是否有诚意，了解多少，申请者的期待是否与大学的条件相符；否则，申请者再优秀，大学也不予录取。这是一种负责任的态度，幸福婚姻必须男女般配，只有学生的期待和大学的条件相符，才会有和谐的校园氛围和良好的学习动力。

竞争是为了自身强，而不是为了面子大

每个大学都希望自己强大，因此，它们之间必然存在着竞争。那么，竞争的目的是什么？如果仅仅是为了排行榜上的名次，那么竞争就会出现这种情况：一方为了超过对方就会不择手段，以破坏性的方式压倒对方，即使自己不进步甚至退步也在所不惜，只要自己能排到前面就行。

欧美大学之间竞争的主旋律则是通过竞争而一起壮大、一起发展。国际知名大学里的著名教授大都有在多个名校工作的经历，这些知名大学通过改善科研条件和工资待遇来吸引杰出的学者来工作。而且这些国际一流大学的领导也常相互"串门"，共享管理经验，比如前面提到的斯坦福大学的前任校长卡斯珀教授原来为芝加哥大学的教务长。同时不少大学也常来斯坦福挖掘领导人才，据我所知，斯坦福的一个院长被哥伦比亚大学挖去当了几年教务长，后又回到斯坦福继续担任领导职务。

学生之间的互动交流就更频繁了，不仅互派短期访问学生，而且也可以转学。世界一流大学之间的这种学生、教授、管理人员的互动与竞争，既保证了他们的质量，也促进了大学的发展。竞争的背后更是相互尊重、取长补短，这种风气应该在中国大学里大力提倡。

欧美大学压根儿就没有"高考状元"概念

我们有一种"状元文化"情结。但是要知道，一个创新型人才，不论其创新贡献大小，绝对胜过一个状元。

美国大学也有入学统考，每年媒体也都公布各个大学招收新生的平均SAT成绩，但是在各个大学的排名中，特别是社会对一所大学的质量评估时，没有什么人看重这些指标，更没有人有兴趣追踪SAT的"状元"都去了哪些

大学，由此来证明哪些大学更牛。值得我们注意的是，欧美大学压根儿就没有"高考状元"这种概念，大学的各种考试中也不排名，成绩A就是最高分，一般班里三分之一左右的人都可以拿到这个成绩。因为，人家认为100分并不比98分强，他们是属于同一能力级别的。

大学的使命只有两个：一是培养人才，二是出科研成果。世界一流大学之所以是一流，不是靠录取学生的考分撑起来的，而是建立在其他统计数字上，诸如所培养的学生中有多少人后来获得了诺贝尔奖，又有多少教授获得了诺贝尔奖，等等。当然，诺贝尔奖只是众多标准中的一个硬指标。

现在我们一些名校收罗了大量高分考生，那么他们的培养成效如何？所培养出的学生能不能与世界知名大学相提并论？高考分数与人才培养之间的因果关系如何？这些都是应该进行深入探究的。

加利福尼亚大学的"盗贼"，斯坦福大学的"英雄"

西方大学之间也有互相拆台的做法，但他们的"拆法"与我们见惯了的不同。下面讲一个两所世界名校"真拆台"的典故。

2010年，我利用学术休假的机会又回到斯坦福大学访学，期间路过一个建筑工地，看到护栏上挂着很多用老照片做的装饰，其中一张颇为引人注目，照片是一帮斯坦福的大学生赶着马车，车上装着夜里从加利福尼亚大学伯克利分校偷来的建筑材料，拉回来建设斯坦福校园。斯坦福大学在19世纪末才开始兴建，而伯克利分校在半个多世纪前已经建成，不仅学校的名声大，而且建筑也阔气。所以，在斯坦福建校初期，那些年轻学生才会有此一举，因为他们也想让自己的校园美丽漂亮。我一直很困惑，这是斯坦福历史上很不光彩的一幕，大学为什么会把自己的"家丑"翻出来让众人皆知呢？后来终于想明白了，这帮年轻的学子，虽然对于伯克利分校来说是"盗贼"，然而对于斯坦福大学来说则是"英雄"。虽然斯坦福大学今非昔比，但是大学仍然不忘记这些昔日的"英雄们",提醒今日的学子珍惜校园的每片砖瓦,因为它们来之不易呀!

不论在啥时代,也不论在啥社会,偷窃都是不被接受的。然而,咱们不妨换个角度来看这个问题,斯坦福的这些学生不是趁夜幕去把伯克利的东西砸碎毁掉,让它变得跟斯坦福一样穷甚至不如斯坦福,而是把好的东西"拿过来"让我们也享用。也都是说,斯坦福这些年轻的学子是抱着一种怜香惜玉的态度对待有价值的好东西的。

我引用上面这个例子是想说明一个道理,如果高校之间的竞争演化成"相互拆台"的破坏性竞争,它们拆对方台子的目的不是把对方做台子的好材料拿来自己搭台子用,而是把对方的台子毁掉,让对方没有台子唱戏,大家都站在地上唱歌,最终实现共同贫穷和一起悲惨。这样的心理,就值得批评了。

大学之间竞争的目的本应该是相互激励,共同发展,培养出杰出人才,做出优秀成果。凡是不利于实现这一教育使命的任何竞争排名,都属于面子游戏,这应该引起人们的反思和警惕。

欧美大学之间的竞争模式对中国高等教育具有借鉴意义。中国要建设世界一流的大学,就要把眼光放远一点儿,把胸怀扩大一点。

这所年轻大学为何能接连获诺贝尔奖

进入 21 世纪后，建校只有 60 多年历史的加利福尼亚大学圣塔芭芭拉分校有着不俗的表现。其成功的管理经验具有很高的借鉴价值。

十多年间连连中大奖

2014 年获诺贝尔物理学奖的日本人中村修二，现任教于加利福尼亚大学圣塔芭芭拉分校。最近十多年，这所大学也创造了一个"奇迹"：十多年间共有 8 人获得了诺贝尔奖。要知道，圣塔芭芭拉分校只有 60 多年历史，是一所很新的现代化大学。学校的前身是圣塔芭芭拉州立学院，于 1944 年加入加利福尼亚大学系统，现已成为一所研究型的大学，是"公立常春藤"之一，也是美国最重要的学术联盟"美国大学联合会"的 61 所大学之一。

我曾于 1996 年到这所大学工作。在大学里我参加了华人学者李讷教授主持的美国国家科学基金项目。前后断断续续工作了四五年。李教授是该校研究生院院长，他参与了这所大学的"高端人才培养计划"。

1997 年暑期的一天，我跟李教授一起吃午餐，李教授说普林斯顿大学物理系的一位教授是他中学的同学，有望拿到诺贝尔奖，我当时听了心里就犯嘀咕，李教授是不是在吹牛，诺贝尔奖岂能是瞎预测的？而且此人还是他的同学，怎么会这么巧？当时我根本就不敢相信李教授的话。然而，1998年崔琦拿了诺贝尔奖，他就是李教授所说的那位同学！结果公布后，李教授还让我看了他们俩的中学合影。

作为该校研究生院院长，李讷教授与这所大学的其他领导共同组织了一个"杰出人才培养计划"：他们一方面大力扶持本校的人才；另一方面在世界范围内物色人才。这些年该校诺贝尔奖获得者，大多是这个计划的成果。

1996年，我在圣塔芭芭拉分校时就听李教授说，日本的科学家中村修二发明了一种光学技术，具有获取诺贝尔奖的可能，所以大学决定把他挖过来。他和其他大学领导专程到日本跟中村修二谈条件，答应给他建立最好的实验室，并请他来到圣塔芭芭分校拉考察生活环境。

圣塔芭芭拉分校鸟瞰图

从那时到现在已经过了将近20年，中村修二不负众望，为该校争得了殊荣。这证明了大学领导的眼光和信念，他们那个时候就知道中村修二发明的价值，而且这么多年来持之以恒地支持他，使得他能一直安心工作到现在。试想一下，如果大学领导急功近利，看几年之内，这个高薪请来的学者不能获奖，就失去了热情而不再支持他，那么这个人很可能早早就离开了这所大学。

挖空心思激励科研人员

李教授能在该校连任三届研究生院院长，一直干到70岁退休，这说明他深得大家认可，具有出色的领导才能且富有工作成效。我以李教授为例，来看看这所大学的领导作风。

李讷教授祖籍山东，出生于上海，在中国香港读的中小学，大学到美国就读，最后在加利福尼亚大学伯克利分校获得博士学位。李教授的太太是犹太人，他的同事也大都是欧美人。在我看来，李教授的思维和行事风格已极为接近美国人了。

1996年，我刚跟李教授做科研时，还只是国内一个硕士毕业生，尚没有博士学位。但是，李教授提供给我的研究条件大大出乎我的意料，他给了我一个非常宽敞的研究室，第一次带我来看这个房间时，就说了这么一句话："把这里当作你的家！"

此外，李教授还给我配备了笔记本电脑，要知道，在那个年代笔记本电脑是很稀缺的，只有少数领导和大老板才能用得起。

按理说，李教授是我的老板，给我工作机会，我应该感激不尽。然而，李教授一点老板的姿态都没有，还从生活上关心我和我的家人。平时，李教授常请我们吃饭谈工作，对我这个穷学生来说，这不仅意味着改善生活，更说明被器重。

在那段时间里，我的太太不幸患上了严重的肾病。李教授不仅帮我们买了最好的医疗保险，还到我家帮我们做饭，教我如何从营养上护理好太太的身体。

李教授的举动让我非常感激，我就是在这种感恩心态之下，全身心地投入工作的，最后取得了连自己也意想不到的成绩，不仅发表了一系列论文，还出了一本专著，在相关的学科领域产生了不小的影响。

其实，李教授的做法，也是很多美国管理者的管理诀窍，他们往往从情感上打动下属，关心雇员的生活，让他们全身心地投入工作。要知道，人是一种情感动物，只有在情感上打动他，才能有超水平发挥。

杰出人才都集中在少数学校

美国大学很多，然而杰出人才往往集中在少数大学里。这说明，人才培养需要合适的生态环境。那么，什么才是孕育人才的最佳条件呢？可以主要从以下两个方面来理解。

首先，这个生态环境要有识才爱才的领导、给力的管理机制、精良的实验条件、团队合作的精神、舒适的生活条件等。

其次，整个大学的学科发展要平衡，因为科学是个系统，相互之间存在相互促进的作用。就拿诺贝尔科学奖来说吧，不论是一个国家还是一所大学，凡是获得诺贝尔奖多的地方（在物理、化学、生物等领域），都有获奖者，像哈佛、斯坦福这些知名大学，诺贝尔奖的每一种奖项都有一批人获得。加利福尼亚大学圣塔芭芭拉分校也不例外，所获的8个诺贝尔奖中，物理学奖5个，化学奖2个，经济学奖1个，全面开花。

还有一点需要特别注意，一所大学要不断获得诺贝尔奖，还需要有非凡的数学研究水准，因为数学是一切科学探索的工具。数学界的最高奖为菲尔兹奖，每4年颁发一次，每次2～4人，平均下来一年度不到一人。迄今为止，日本有3人获得过菲尔兹奖，诺贝尔奖的大户哈佛大学有2人获得该奖。加利福尼亚大学圣塔芭芭拉分校也有1人获得该奖。

上述现象给人一个重要启发，一个国家要在科学上强大，能够不断培养出世界一流的科学家，就必须全方位地发展，在物理、化学、生物、数学上齐头并进。如果不能做到这一点，即使有人偶尔获得诺贝尔奖，也很可能是昙花一现。比如印度、阿根廷等国家曾经获得过一两项诺贝尔物理学奖，然而因为没有建立起强大的科学系统，缺乏培养杰出人才的生态环境，整个国家就无法达到世界一流科学水准。

校园安静得如偏僻农村

加利福尼亚大学圣塔芭芭拉分校能够取得如此骄人的成就，还与它得天独厚的地理位置和气候条件分不开。圣塔芭芭拉是个著名的旅游城市，背靠巍巍青山，面向太平洋。城市没有现代化的高楼，一般楼层都在三层以下，绝大部分是平房。市区沿太平洋蜿蜒而建，大部分住家都在海崖边或山腰上。最让人称羡的是这里的气候，常年如春，舒适宜人。美国前总统里根晚年就住在这里，很多好莱坞明星也在这里购置别墅。

我在这所大学工作时，见不到校园里有任何的补习班、创收班，一到假期整个校园安静得如偏僻农村，只能见到一些做实验和研究的人。按理说，这里的环境和气候条件这么好，大学可以想出各种名堂来办创收活动，肯定会吸引世界各地的不少人前来，可他们没有这样做，而是选择安安静静地做自己的事业。

鼓励年轻人创业冒险

年轻人的热情和冒险往往被解读为"浮躁",可是这种浮躁常常是促进成功的要素。当今 IT 行业的两个风云人物——乔布斯和盖茨,都是浮躁的祖师爷。

在国内,不论是老师还是家长,都时常告诫年轻人,做事不要浮躁,重视打基础,做好准备,等条件具备了再创业。如果一个年轻人冒进,就会被批评"浮躁",告诫他"欲速则不达"。

然而,美国的老师或家长从来没有从这个角度批评学生,相反,他们鼓励学生早"浮躁"、勤"浮躁"。乔布斯、盖茨等 IT 行业的风云人物就是"浮躁的典型代表"。其实,"浮躁"往往是年轻人富有活力、创造力和敢于冒险的表现,应该受到鼓励和保护。

毅然中断名校学业加盟微软的鲍威尔

微软的盖茨在 20 多岁时,还没有读完哈佛大学本科就中途辍学,出去开办自己的公司。这对中国人来说简直不可思议,家长会阻止,老师会劝告,而且社会不会给力,银行不给贷款,因为谁会相信这个年轻人会干出点儿啥名堂。很可能的结果是，盖茨在社会上碰了一鼻子灰，迫于各方压力，最后无奈之下还得乖乖回到学校读书拿文凭。然而，等盖茨拿到文凭以后，世界早就变了，软件帝国的皇位早就属于他人了。结果，盖茨只能拿着一张名校的毕业证，做一位中规中矩的公司职员。IT行业的商机那是一日千里，离开这个村就没有这个店，晚一两年出来，最佳机遇就没有了。

盖茨成功以后，哈佛大学又把盖茨请回去，让他在毕业典礼上给学生讲话。哈佛大学并不担心学生会受盖茨的"浮躁精神"影响，一个个仿效盖茨中途辍学去创业，相反，哈佛大学鼓励学生学习盖茨这种冒险精神。盖茨在毕业典礼上跟毕业生开玩笑道："请不要都学我，否则就没有人来参加这个典礼了。"惹得大家哄堂大笑，接着是报以热烈的掌声。

盖茨不仅自己这样做，他也鼓动自己最要好的大学同学鲍威尔也"步他的后尘"，跟着他一起去"浮躁"。盖茨和鲍威尔是哈佛大学本科同学。鲍威尔倒是读完了哈佛大学的本科，然后来到斯坦福读商学院。斯坦福的商学院也是美国数一数二的，有机会在这里读书，毕业后肯定有美好的前途。鲍威尔在斯坦福刚读了一年后的那年夏天，他接到盖茨的电话，要他加盟微软公司。鲍威尔不仅自己犹豫，他的父母也坚决反对，然而盖茨告诉他：等你拿到学位的时候，公司的这个位置可能就是别人的了。最后鲍威尔毅然中断学业，跟随盖茨建立微软帝国，在盖茨退休后，鲍威尔长期担任微软的CEO。

中国大学生使用苹果电脑时，乔布斯才20多岁

苹果公司的乔布斯就更加冒进，简直就是"浮躁的祖师爷"。他在里德学院只读了一年就辍学，但是并没有马上离开，又在学院混了9个月，听了些书法之类不痛不痒的艺术课。乔布斯啥专业技能也没有真正掌握，就回到父母所在地——旧金山湾区，在附近的硅谷找了一份制作电子游戏的工作。他干了不到一年，突然心血来潮，辞掉工作去印度寻找什么精神导师。乔

布斯在印度艰难困苦流浪了 7 个月，差点命丧他乡，结果啥导师也没有找到又回到了家里。尔后的很多年里，乔布斯不修边幅，过着嬉皮士的"时尚"生活。

乔布斯的"黄金搭档"——沃兹也是一个不守本分的学生，他在科罗拉多大学只读了一年就不读了，回到硅谷老家，在当地的一个夜校继续读书。但是沃兹喜欢捣鼓电脑，他这样做纯粹是出于个人爱好，没打算发明出什么东西，更没有想到用发明去赚钱。沃兹和乔布斯听说附近的帕洛奥图有一个"家庭电脑俱乐部"，就到那里凑热闹。他们在这个俱乐部遇见一个开电子元器件的老板，这人对沃兹设计的电路板感兴趣，答应订购一批。俩人欣喜若狂，但是到处贷不到款，因为所有的银行看着这两位邋里邋遢的年轻人都不放心。最后还是乔布斯凭着自己三寸不烂之舌，说服卖元器件的老板赊账给他们，这才买来了元器件，组装成电子器件再卖给那个老板，赚取了他们创业的第一桶金。

在创业初期，乔布斯家的车库就是他们的工厂，父母、姐妹、大学同学是他们的第一批员工。目前世界上市值最高、最富有创意的公司就是这样起家的。乔布斯 25 岁的时候，就是拥有 2.5 亿美元的富翁了。如果乔布斯等条件成熟了再创业，世界上可能压根儿就不会有苹果公司了。

我 1986 年在华中科技大学读书的时候，全校只有一个计算机房，里边是清一色的苹果电脑，全校的师生都要到那里上机，每小时收费 1 元，这可不便宜呀！那时候我一月的生活费才 40 多元。按照时间推算，乔布斯那个时候只有 28 岁。大家对此不知做何感想？

鼓励年轻人早日建功立业，是美国的一种文化。惠普的两位创始人——休利特和帕卡德也是在 20 多岁的时候开始创业的，当时他们的资金也就是从老师那里借来的几百块钱，起初他们也是从车库开始发展起来的。

苹果公司如何招聘员工

美国人的很多观念可能与我们的正好相反，看看乔布斯是怎么招员工的就会明白。一次，一位来自加利福尼亚大学伯克利分校的二年级大学生来苹果公司应聘，乔布斯非常赏识这个小伙子，决定录用。然而这个学生当时还犯犹豫，说想等自己完成了学士学位以后再来工作。乔布斯则劝告他："你能够改变世界的机会，一生可能就这一次，然而你将来拿学位的机会则会很多。"这位学生最后还是决定中止学业，加盟苹果公司。这件事如果搁中国，不仅学生自己会犹豫，招聘公司也会拒绝，认为他没有文凭，基础知识不够扎实，会劝他回去读完书以后再来工作。

斯坦福大学有一个常年的"创业讲座"，每星期一次，邀请各行各业的成功创业人士来做报告。其中有两个讲座对我启发很大。

一个企业家讲座的题目就是"要尽早失败，要尽快失败"，他的理由是，每一个企业家，在成功之前必然会遇到很多失败。那么让失败来得越早越快，对自己的成功就越有利。他认为，怕失败是一种缺乏创业精神的表现。

另一位是麻省理工学院毕业的企业家，他介绍自己在读大学时期就创办了三家公司，这为他后来的成功积累了宝贵的经验。一个国家能不能给大学生提供创业的机会，决定了这个国家的创业活力和国际竞争力。

看能力而不看学历和证书

美国IT行业的几位风云人物都是在二三十岁就成功了，成为当时的亿万富翁。前面提到了盖茨、乔布斯，这里谈一下2013年才出现的亿万富翁——伍德曼。他设计出一款GoPro相机，是用来拍摄运动员的运动瞬间的便携式相机。它可以被固定在头盔上、身体某个部位及其他运动设备上，拍摄运动员滑雪、冲浪、赛车和蹦极中惊险刺激的瞬间。伍德曼的成功就是"瞎折腾"出来的。

首先他是学艺术的,本来跟技术发明不沾边。他从加利福尼亚大学圣迭戈分校拿到视觉艺术学位后,不甘心给别人打工,就辞职自己去创业。他给自己设定了一个目标,那就是 30 岁之前要创业成功。2000 年年初,他创立了"趣袋"营销公司,可是不久后该公司便倒闭了。此时他已经 26 岁了,又回到了起点。后来,他决定从自己最喜欢的冲浪中寻找灵感。最后,他终于成功了。

伍德曼说:"人们在自己钟爱的事情上最容易找到灵感。追逐你的热情,成功就近在咫尺。"这里的"追逐你的热情",翻译成汉语就成了"浮躁"。在中国人看来,伍德曼的每一步都是浮躁,好高骛远,不切实际,然而就是这种人,才能做出让世人惊艳的创造。

美国社会的特别之处,他们看的是能力,而不是学历,更不是证书。

泼弟子冷水的孔子

即使从事科学研究这一行,也应该鼓励年轻人早日建功立业,让他们认识到自己读大学、研究生时候就可以做出杰出的成就,甚至可以取得获诺贝尔奖、菲尔兹奖这样的成绩。比如,近代数学史上三大难题之一——"四色定理",就是英国的一位大学生提出来的。这个问题直到 100 多年以后才有人用电脑加以证明,对这个问题的探求极大地推动了拓扑学的发展。

现在看看几位获得世界最高奖的华裔学者。物理学家高锟于 2009 年获得诺贝尔奖,他的获奖成就是在英国读博士期间做出来的。特别像数学这种学科,很多杰出数学家都是在二十几岁就建功立业了。菲尔兹奖迄今有两位华裔学者获得。一位是丘成桐,他获奖的成就是基于他在加利福尼亚大学伯克利分校博士论文的成果。另一位是陶哲轩，他25岁就获得了普林斯顿大学的数学博士学位，30岁就拿到这个大奖。如果这些人年轻时候只想打基础，没有冒险精神，恐怕就做不出什么成就。

我在斯坦福大学读书期间获知，不少在读的研究生甚至本科生，已经在各自领域最顶尖的刊物上发表过文章。从来没有听说过一个老师这样劝导学生："现在别急躁，好好打基础，等基本功弄扎实以后再出成果不迟。"中国老师最喜欢这样劝导学生，这种观念该改一改了。

儒家的教育传统就是讲究打基础，提倡按部就班。《论语·先进》中记载了这么一则典型的案例。费城这个地方出现了一个邑宰的空缺，子路马上把师弟子羔推荐去了。孔子第一个反应就是泼冷水，批评子路："你这是误人子弟！"子路有自己的看法，辩解说："与民众交流，参与社会管理，也是学习。难道只有读书才叫学习？"

孔子这次与子路的辩论显然不占上风，就说了一句强词夺理的话："所以我很讨厌巧言狡辩的人。"子路应该不属于巧言善辩那类人，孔子把"巧言"这顶帽子始终拿在手，不喜欢谁就给谁戴上。

可以"浮躁"但不能"浮夸"

话又说回来，一个人可以"浮躁"，但不可以"浮夸"。两者虽都是"脱离现实"，但是"浮躁"是用自己的"脚"，一个人能"跳"多高就让他"跳"多高，顶多也就是个"世界跳高冠军"罢了；可是"浮夸"则是靠自己的"嘴"，那"浮"起来就没边了。简单地说，浮躁是做，浮夸是说，要成大事不能光说不做。

我观察中国的大学生，包括在美国留学的学生，也包括几代移民的华裔子弟，发现他们跟西方学生的一个差别就是太老实，不会"浮躁"，也不敢

"浮躁"。农耕文明孕育出来的儒家文化、教育的一大值得反思之处就是过分强调打基础、做准备，因此培养出来的学生往往缺乏"冒进""冒险"精神，而这却是创新精神的必备素质。

多元文化撞击出创造力

两种植物的距离越远，越有可能培养出优良的下一代。科学教育文化界也是如此，教育背景和知识结构差别越大的人到一起做研究，就越有可能取得科学突破。生物学界有一条规律，同一类属而不同品种的植物基因杂交往往能够培育出健壮的下一代。

世界上前 20 名的大学几乎全被英美包揽。英美办教育成功的因素很多，其中一个经验就是向全世界开放，从世界各国选拔最优秀的人才到他们国家读书任教。这种政策使得他们能够吸收不同文化背景下的优良"文化基因"，孕育出更强大的文化，从而保持了创造的活力，使得自己国家的科学技术一直处于世界领先地位。

英美吸收外来人才有一个巨大的语言优势，因为他们使用的英语是世界科技文化界的"共同语"。同样的道理，以英语为母语的国家都有这个优势，因此加拿大、澳大利亚等都有世界知名大学。然而相比之下，那些科技文化历史比较悠久的非英语国家，诸如法国、德国、俄罗斯等，就甘拜下风。这些国家的科技教育虽然也很发达，但是跟英美相比，创造的活力就显得有些不足。

就拿我个人的亲身经历来说吧。新加坡是东西方的交汇处,这里的大学成了很多人事业上的"中转站",很多人在欧美拿到博士学位后先来新加坡的大学工作几年,挣些学术资本,然后再杀回欧美去。过去20年来,我同系的同事有四个去了美国,三个去了英国,而且都是"壮士一去兮不复返"。跟我一起打羽毛球的一位数学系的朋友,有一天突然告诉我,他要去英国的牛津大学工作。由此可见欧美高校的磁力之大!

很多人可能会问:"英美人如此开放,难道不怕外国人抢了他们的饭碗吗?"其实这正是他们国家管理者的高明之处。向全世界开放,让本国的人来参与国际竞争,这是保持本国科技文化水准始终处于国际领先地位的必要条件。任何国家保护主义,都会让教育水准降低。纵观美国大学的师资队伍,虽然外国人很多,然而占比例最大的还是美国本土出生的人。虽然有不少外国人在美国工作时获得了诺贝尔奖或菲尔兹奖,然而在这些奖项的获得者中,美国本土培养出的人仍然占绝大多数。毋庸置疑,美国的开放政策真正达到了促使本国教育发展的目的。

多元文化交叉体现在各个层次、各个方面。首先是师资队伍的建设,拿斯坦福来说,他们有一个职位,就向全世界招聘,他们的目标是要招这个领域的世界上最优秀的人才,只有这样才能保证大学有一个世界顶尖级的师资队伍。在斯坦福数学系的教师队伍中,我所知道的老师有来自中国的、印度的、意大利的、英国的,当然大多数老师还是美国本土出生的。我在斯坦福的博士论文指导委员会的成员有两个语言学系的教授,他们都不是土生土长的美国人,一个是英国的,一个是芬兰的,然而该系三分之二的教授都是美国人。

不同文化背景的人往往拥有不同的思维方法,有自己看问题的独特角度,这些人在一起互相切磋,就很容易碰撞出思想的火花,产生新的发现。人文社会科学尤其需要不同文化背景者相互启发,因为很多理论涉及不同的社会环境。即使像数学这样的学科,多元文化背景也能诱发新发现。2011年,

耶鲁大学图书馆的大门上方的石碑

耶鲁大学图书馆的大门上方的石碑，刻有古汉语、古希腊文、古埃及文等世界最古老的文字，分别代表人类文明的主要流派。由此可以看出大学创办者的胸襟，他们办出世界一流大学，必须建立在全人类文明基础之上，强调对各种文明源流的兼容并蓄

我在斯坦福访学期间，学校请来了一位普林斯顿大学的数学家巴尔加瓦，他只有28岁就晋升为正教授，是普林斯顿历史上第二位最年轻的正教授。他讲的题目是"语言学与数学"，他爷爷是研究古梵文诗歌的，他发现古梵文诗歌的韵律中蕴含着一条数学规律，由此做出了对数学的一个重大发现。演讲那一天，他爷爷也来了。试想一下，如果这位数学家没有印度这种文化背景，就不可能做出这样的发现。

美国是个移民国家，什么民族的人都有，那里简直可以说是"人种博物馆"。这种不同文化背景的人来到一起，相互交流，碰撞思想，形成了最具有活力的科学文化。不仅现在世界上各个学科领域最顶尖的学者大都在美国，而且近几百年来很多新的学科也都是发轫于这里。这是美国的先天优势，其他国家难以相比。

乔布斯被誉为美国历史上继富兰克林之后最伟大的发明家，他就是多元文化基因的组合。乔布斯的生父是阿拉伯人，生母是德国人，出生后被德国后裔夫妇领养。他上大学时候对他影响最深的是一位犹太同学。大学辍学以后，回到旧金山湾区的老家工作，跟一个日本人学习禅宗。工作了不到一年，他又只身一人到印度寻找精神导师，使得他深深悟到西方的理性思维和东方的直觉思维之间的优劣，并有意识地取两种文化之长。苹果产品的工业设计，前期一位来自德国，后期一位则来自英国。苹果产品有意大利的审美元素，同时还吸收了东方禅宗的浑然一体的审美观。这就是为什么苹果产品能风靡全世界，因为它汇聚了多种文化基因，吸收了各种文化的优良元素。

有些世界大学的排名使用一个标准，就是看学生的国际化程度，这背后蕴含着一个重要的教育理念：让不同文化背景的学生在一起学习，很有利于大学生的成长。所以，从本科开始，世界优秀的大学就有意识招收一定比例的国际学生。到了研究生阶段，这些大学就更加开放了，任何国家的学生都可以来申请，而且他们的招收政策是优先考虑不同文化背景的学生，给他们奖学金，让他们来读书，目的是提高学生文化背景的多元性。

课堂上，拥有不同文化背景的学生确实表现出不同的特征。欧美学生的知识面不见得有多宽，但是思辨能力很高，常常对各种问题提出疑问。根据我的观察，课堂上侃侃而谈的经常是来自欧洲的学生。亚洲学生虽然思辨能力不如欧美的，可是他们一般很用功，基础扎实，知识面广，可以补欧美学生的弱点。两种文化背景的学生到一起做课题，就很有利于科学探讨的深入。而且不同文化背景的人，提出问题的角度也不同，思考问题的方法也不一样，如此往往能激发出创造的灵感。

不同文化背景的学生在一起上课，可以提高一些社会学科的教学质量，最典型的就是语言学方面的课程。2011年，我上了一门我的博士生导师伊丽莎白·特劳戈特教授的课。她已经退休多年了，在这次我访学期间恰好又被返聘回来上一门课。课堂上，学生和旁听者就有来自英国的、日本的、波兰的、中国的、美国的，特别是像语言学这种课，不同母语背景的人在一起讨论最有益处，都可以从自己的母语中提出例证，支持、修正或反驳某种语言学理论，从而激发大家的灵感。包括老师在内的每个人都从这种课堂气氛中获得益处。

科技教育上的"不同基因"，不仅指民族文化上的差异，还包括学科背景的不同。斯坦福大学的系科界限本来就不明确，同一门课有各个系科背景的学生来修读，不同学科背景者可以从自己学科的角度来思考，提出问题，这种碰撞常能激发灵感的火花。中国大学在这个方面就显得欠缺，大学四年下来，很多人班级都是同样背景的同学在一起，知识结构一样，学习兴趣接近，那么思路也就比较单一，不利于新思想的激发。

在吸收多元文化背景上，中国高校面临着艰巨的任务。我们的教育环境、社会环境尚缺乏吸引力，而且还有根深蒂固的传统观念的阻力。然而我们必须清醒地认识到，虽然这条路很艰辛，但是要建立世界一流大学，必须开放，必须吸收多种文化的强壮基因才行。

怎样才算世界一流大学

世界一流大学大都历史悠久，动辄都有几百年的历史。在这个家族中，斯坦福是个年轻的大学，只有一百年多一点儿的历史。那么，进入这个"俱乐部"需要什么样的条件？

世界一流大学的一个指标：获 10 个以上诺贝尔奖

最近，中国一些大学提出要办世界一流大学，愿望是好的，但在向这个目标迈进之前，我们得首先弄清楚世界一流大学都是啥模样？都有些什么特征和标准。

我过去五六年一直从事一个研究项目，就是"中国教育与世界的距离"。我以斯坦福大学为考察重点，并走访了美国、英国、法国、德国、日本等国家的 30 余所各种级别的大学。其中探讨的一个问题就是：啥是世界一流大学？

表面上看来，世界一流大学大都是历史悠久、校园优美、大师云集。其实，国际名校还有更深刻的内涵值得注意。

先给大家讲几个事实，让大家思考。

迄今为止，全世界已经有300余所大学或科研机构的研究人员在工作期间获得过诺贝尔奖。如果按照顶尖级人才的培养标准，中国所有的大学都应该排在300名之后，新加坡等地方的大学也是如此。

我在美国就读或工作过的三所大学，它们的教授获得诺贝尔奖的人数如下。

（1）加利福尼亚大学圣迭戈分校16人。

（2）加利福尼亚大学圣塔芭芭拉分校8人。

（3）斯坦福大学45人。

如果说哪所是"世界一流大学"，估计很多人会认为只有斯坦福大学才算，其他两所学校都很普通，有些人甚至听都没有听说过。但是，要知道加利福尼亚大学两所分校不仅有这么多的诺贝尔奖得主，而且很多学科领域都有影响世界的学者。中国所有大学与加利福尼亚大学这两所分校的距离是巨大的，不要说几年，就是几十年也难以追上。

我给出一个简单的标准，衡量中国任何一所大学是否进入"世界一流"，就看它是否获得过10项以上诺贝尔科学奖。为什么以这个数字为标准？因为迄今世界上已经有30所大学至少有10个教授或科研人员获得了诺贝尔奖。一所大学在科研实力上如果进入不了前30名，就很难说它已经成为世界一流了。

拥有一批世界级大师

清华大学建校早期，校长梅贻琦给大学一个定义："所谓大学者，非谓有大楼之谓也，有大师之谓也。"这句话被认为很经典，迄今仍为人们经常提起。那么什么叫"大师"？则颇难定义。就科学技术领域来说，还有个比较客观的标准，就是获得各个学科的最高奖者。很多自然科学领域都有公认的世界最高奖，比如数学界有菲尔兹奖，计算机学科有图灵奖，物理、化学、生物等领域则有诺贝尔奖。毫无例外，世界知名大学都有一批获得这类殊荣的教授专家。

然而，衡量一所大学的水准，也不能简单只看一个大学有多少上述这些国际大奖获得者，而应该看他们是在哪里获得的，注意他们的获奖成果是在哪里做出的。比如，香港中文大学的原校长高锟获得了诺贝尔物理学奖，能否就说明香港中文大学的物理学已达到世界一流了呢？显然不能这样简单地看问题。实际上，高锟获奖的研究成果是他在英国读博士期间做出来的，所代表的是英国大学的科研水准。而香港中文大学在为自己曾经有一位校长获得过诺贝尔奖骄傲之余，更应该深思：为什么高锟到了香港反而做不出同样水准的研究成果来呢？自己与英国大学的差距到底在哪里？

看问题要看实质，当计算一个大学诺贝尔奖人数时，要看这个获奖者的研究成果是在哪个学校做出来的，因为这最能说明学校的科研水平。如果按照这一标准，哈佛大学世界第一，它有 51 位诺贝尔奖获得者；紧随其后的是斯坦福大学，有 45 位诺贝尔奖获得者。

看培养了多少世界级人才

衡量一所大学的水平，不光看它的科研成果多厉害，还要看它培养的学生素质如何。其中一个可靠的标准就是看一所大学所培养的学生，包括大学生和研究生，后来有多少获得了诺贝尔奖。迄今为止，全世界有 23 所大学至少有 10 位毕业生获得了诺贝尔奖。最牛的是哈佛大学，共有 69 个毕业生获得此项殊荣。紧跟其后的是剑桥大学，有 65 位。按照这个标准算，老牌子的大学比较占便宜，因为诺贝尔奖始于1895年，在授奖初期，一个大学的毕业生要获得这个奖项，必须是就读的大学已经发展成熟。哈佛和剑桥都是几百年的老校，所以它们的毕业生在诺贝尔奖开始那几十年占有巨大的竞争优势。

是否拥有开辟新学科的领风骚者

绝大部分学科是没有上述国际大奖的，但是每个学科都有自己独领风骚的人物，他们对世界学术的贡献绝不亚于那些国际大奖的获得者，他们的思想深刻地影响着人们的思维，改变了人们对世界的看法。像进化论创始人达尔文、信息论创始人香浓、控制论创始人维纳，都属于思想文化界的风云人物，他们的贡献远远大于一般的诺贝尔奖获得者。所以，衡量一所大学是否为国际一流的另一可靠标准为：它是否拥有开学术风气之先的风云人物，是否有开创某个学科领域的大师。

其科研成果有没有改变世界

世界一流大学并不是一个遥不可及的抽象概念，而是存在于每一个人的生活中，让普通人都能感受到它的存在。衡量一所大学是否为世界一流的另一个指标就是，看它所创造的思想和发明的技术是否影响了世界，是否让世界每一个角落的人受益。比如斯坦福大学的计算机学科在世界上数一数二，该领域中很多革命性的发明都是这所大学首先做出来的，比如今天人们用的互联网概念和搜索技术就是首先发源于这里。斯坦福的心理学系长期以来称霸美国，人们用到的"智商"概念就是这个系的教授在20世纪20年代首先提出来的。一流大学不能只是个虚名，要有改变世界的研究成果，影响普通人的生活、思维乃至看世界方式的成果。

对世界最优秀的人才是否有巨大的吸引力

一流大学也是世界顶级大师的汇聚地，吸引着各个学科最优秀的人才来工作。看看那些影响科学技术发展的大科学家愿意到哪里工作，就知道哪所学校是世界一流。爱因斯坦成名以后，从欧洲移居美国，他选择了普林斯顿大学，因为他认为这里拥有最适合他的工作环境，包括实验条件和人才资源，有利于发挥他自己的才华。不管从哪个方面看，普林斯顿大学都毫无疑问是世界一流的。

教师队伍能写出影响世界的科普著作

还有一个被忽略的指标，就是看一个大学的教授队伍中有没有人能写出影响世界的科普著作。普通人误以为科普著作是科学研究的"小儿科"，只有那些科研做不好的人才会去写科普作品，其实不然，那些影响世界的科普著作往往出自大师之手。一般学者大都只会做"严肃"的学问，然而只有那些对某一学科具有高深造诣的优秀学者才能把自己高深的理论讲得通俗易懂，用生动形象的语言让大众了解高深的科学理论，从而提高大众的科学素养。比如剑桥大学现执掌"牛顿教席"的霍金写了一本《时间简史》，他以高屋建瓴的视角，用通俗生动的文笔，让高深的物理学思想走向了大众。

我去斯坦福大学读书之前，就读过它数学系已故教授波利亚写的《怎样解题》《数学与猜想》等书籍，这些书，中学生都可以读懂。波利亚是世界级的数学大师，他写了一系列普及数学的书，风靡全世界。如果哪一天中国的某所大学的教授也写出了这种风靡全世界的书，不仅在中国家喻户晓，而且被翻译成外文在全世界风行，这种意义和荣誉不亚于获得诺贝尔奖，作者值得所有中国人骄傲和尊敬。但迄今为止，中国还没有人能够写出这种级别的科普著作。

能不能吸引全世界各地的人前来参观访问

毫无例外,世界一流大学也都是风景点或名胜古迹。衡量一所大学环境如何,就看它能不能吸引大量的游客来参观访问。一流大学的建筑不在高大,也不在林立,而在于它的艺术魅力。

斯坦福大学的主大院

用上述这些标准来衡量一下中国的任何一所大学,就知道我们与人家的差距不是三五年内可以消除的,就清楚中国大学与世界的距离有多远。中国要出现世界一流的大学,任重而道远。

附 录

长期在斯坦福工作者获得诺贝尔奖一栏表
（共 45 人　数据截至 2016 年）

年份	姓名	奖项
1952	Felix Bloch	诺贝尔物理学奖
1954	Linus Pauling	诺贝尔化学奖
1955	Willis E. Lamb Jr.	诺贝尔物理学奖
1956	William Shockley	诺贝尔物理学奖
1958	Joshua Lederberg	诺贝尔生理学或医学奖
1958	Edward Lawrie Tatum	诺贝尔生理学或医学奖
1958	George Wells Beadle	诺贝尔生理学或医学奖
1959	Arthur Kornberg	诺贝尔生理学或医学奖
1961	Robert Hofstadter	诺贝尔物理学奖
1972	Kenneth J. Arrow	诺贝尔经济学奖
1974	Paul J. Flory	诺贝尔化学奖
1976	Burton Richter	诺贝尔物理学奖
1976	Milton Friedman	诺贝尔经济学奖
1979	Sheldon Glashow	诺贝尔物理学奖
1980	Paul Berg	诺贝尔化学奖
1981	Arthur L. Schawlow	诺贝尔物理学奖
1983	Henry Taube	诺贝尔化学奖
1988	Melvin Schwartz	诺贝尔物理学奖
1990	Richard E. Taylor	诺贝尔物理学奖

续表

年份	姓名	奖项
1990	Henry W. Kendall	诺贝尔物理学奖
1990	William F. Sharpe	诺贝尔经济学奖
1992	Gary Becker	诺贝尔经济学奖
1993	Douglass North	诺贝尔经济学奖
1995	Martin L. Perl	诺贝尔物理学奖
1996	Douglas D. Osheroff	诺贝尔物理学奖
1997	Steven Chu	诺贝尔物理学奖
1997	Paul D. Boyer	诺贝尔化学奖
1997	Myron Scholes	诺贝尔经济学奖
1998	Robert Laughlin	诺贝尔物理学奖
1998	Ferid Murad	诺贝尔生理学或医学奖
1998	Robert B. Laughlin	诺贝尔物理学奖
2001	Carl E. Wieman	诺贝尔物理学奖
2001	Barry Sharpless	诺贝尔化学奖
2001	Michael Spence	诺贝尔经济学奖
2001	Joseph E. Stiglitz	诺贝尔经济学奖
2005	Theodor W. Hänsch	诺贝尔物理学奖
2006	Roger Kornberg	诺贝尔化学奖
2006	Andrew Fire	诺贝尔生理学或医学奖
2011	Thomas J. Sargent	诺贝尔经济学奖
2012	Brian Kobilka	诺贝尔化学奖
2012	Alvin E. Roth	诺贝尔经济学奖
2013	Michael Levitt	诺贝尔化学奖
2013	James E. Rothman	诺贝尔生理学或医学奖
2013	Thomas C. Südhof	诺贝尔生理学或医学奖
2014	William E. Moerner	诺贝尔化学奖